집

살까요?
팔까요?

집 살까요? 팔까요?

1판 2쇄 발행 2021년 6월 15일
1판 1쇄 발행 2021년 6월 1일

지은이 전인수 / **펴낸이** 배충현 / **펴낸곳** 갈라북스 / **출판등록** 2011년 9월 19일(제
2015-000098호) / 경기도 고양시 덕양구 중앙로 542, 707호(행신동) /
전화 (031)970-9102 **팩스** (031)970-9103 / **블로그** blog.naver.com/galabooks /
페이스북 www.facebook.com/bookgala / **전자우편** galabooks@naver.com /
ISBN 979-11-86518-47-2 (03320)

이 도서의 국립중앙도서관 출판예정도서목록(CIP)은 서지정보유통지원시스템 홈페이지
(http://seoji.nl.go.kr)와 국가자료공동목록시스템(http://www.nl.go.kr/kolisnet)에서 이
용하실 수 있습니다.

집

살까요?
팔까요?

현명한 선택을 위한 작은 나침반

15년 가까이 부동산을 공부했다. 그래서 그럴싸한 책 한 권을 세상에 내놓고 싶었다. 욕심이 과했을까? 이 핑계 저 핑계만 대다 아직까지 책 한 권 내지 못했다. 그러던 차에 출판사 대표 한 분이 찾아와 지금까지 컨설팅했던 사례들을 엮어 책으로 내보자는 제안을 했다. 내 답변은 단번에 거절이었다. 컨설팅 책을 쓰게 되면 누가 얼마를 투자해 얼마를 벌었다는 식의 내용을 담아야 할 텐데 그런 책을 쓰고 싶지는 않았다.

그렇게 2년이 지나고 다시 겨울이 찾아왔다. 그 사이 부동산 가격도 가파르게 상승했다. 서울 시내 아파트 가격은 '억' 소리 나게 올랐고, 수도권 외곽과 지방으로까지 상승세가 확산되었다. 요즘 개인적으로 친분이 있는 주변 사람들을 만날 때는 물론이고 업무적으로 만나는 사람들조차도 내게 건네는 첫 질문은 "앞으로 집값이 어떻게 될 것 같아요?"였다. 덧붙여 "지금이라도 집을 사야 될까요?"라는 질문도 많이 받았다. 그럴 때마다 어떤 답변을 해야 될지 망설여진다. 지금 매입해야 되는지,

기다렸다 매입해야 되는지, 신축 아파트를 매입해야 되는지, 멀리 보고 재건축 대상 아파트를 매입해야 되는지… 다양한 생각들의 갈피를 읽어 내고 그들이 원하는 알맞은 답을 내놓아야 되는데 그럴 수가 없다.

얼마 전 만난 30대 중반을 넘긴 한 직장인의 이야기다. 2년 전 그의 아내는 어떻게든 내 집을 마련하자고 했단다. 그는 전세자금대출도 상환하지 못한 상태에서 추가 대출을 받아 집을 사는 것이 두려워 주택 매입을 반대했다고 한다. 주택가격 상승을 억제하는 다양한 정부 정책이 쏟아져 나왔고, 정부가 나서서 주택가격을 안정화하겠다고 공언했기에 이를 믿고 상승이 멈추기만을 기다렸다. 기다리다 보면 기회가 올 줄 알았다.

주택은 수요와 공급에 의해 가격이 형성 되는데 억누른다고 가격이 안정될 리 없다. 최근 몇 년간 주택시장은 공급이 수요를 따라주지 못했다. 공급을 억제하고 있는 상황에서 수요를 잠재울 수 있는 방법은 없다. 풍선효과만 나타날 뿐이다. 주택은 단기간에 공급할 수 있는 물건이 아니므로 장기적인 공급 플랜을 세워야 되는데 정부가 그 점을 간과한 것이 문제였다.

결국 그가 살고 있는 아파트 가격은 수억 원 상승했고 덩달아 전세가격도 천정부지로 치솟았는데 내년 봄이 전세 만기란다. 서울에서는 전셋집 마련도 못하겠다며 아내 볼 면목이 없다고 했다. 그는 힘들게 직장생활을 하면서 전세자금대출을 상환하고 청약종합저축에 가입해 매월 꼬박꼬박 불입했는데 내집 마련은 고사하고 서울에 전셋집도 마련할 수 없는 처지에 놓였다면서 눈시울을 붉혔다. 마음을 다잡고 다시 기회를 엿보려했다가도 살고 있는 집값이 몇 억씩 올랐다는 친구들, 직장 동료들 이야기를 들을 때마다 상실감을 넘어 이제는 분노가 치밀어 오른다고 했다.

규제 일변도의 정책들을 쏟아 내놓아도 내 집 마련을 위한 봄날은 영원히 오지 않을 것 같은 나날이 계속되고 있다. 집이 없는 사람은 없는 사람대로, 있는 사람은 있는 사람대로 시름과 고민이 깊어가고 있다.

어떤 이야기를 해야 다시 희망을 가질 수 있을까?

오랜 망설임 끝에 이 책을 내게 된 이유는 평범한 우리 이웃들의 이야기를 들려줌으로써 그들이 다시 한 번 용기를 낼 수 있도록 도와주고 싶은 마음에서다. 우리 이웃들도 똑같은 일들을 겪었다. 그들도 지난 날 내 집 마련을 위해 밤새워 가며 고민을 했었고, 때론 망설이다 기회를 놓쳤으며, 눈앞에 놓인 대출금 상환을 걱정하기도 했었다.

컨설팅을 의뢰했던 대부분의 사람들은 집으로 부자가 되겠다는 이는 없다. 몇몇을 제외하고는 다들 평범한 직장인들이었다. 어떤 이는 편안하게 살 수 있는 내 집을 마련하고 싶어

했고, 어떤 이는 자녀의 교육환경을 위해서, 어떤 이는 직장 출퇴근을 위해 저마다의 상황에 맞는 집을 찾아 이사를 하고 싶어 했다. 이들의 공통적인 바람은 본인이 부담해야 될 금융비용 보다는 집값이 오르기를, 매입했을 때보다는 주택가격이 상승하기를 바랄 뿐이었다.

"지금이라도 집을 사야 될까요?"

이 질문을 던지는 많은 사람들에게 이 책이 현명한 선택을 위한 작은 나침반이 되었으면 좋겠다. 덧붙여, 앙드레 말로[1]의 말처럼 "오랫동안 꿈을 그리는 사람은 마침내 그 꿈을 닮아 간다"는 것을 기억하고 이 책을 읽은 모든 분들이 내 집 마련의 꿈을 이뤘으면 좋겠다. 그리고 하나의 바람은 집은 집이었으면 좋겠다.

※ 참고로 이 책은 지인들과 함께 고민했던 내용을 엮은 것입니다. 컨설팅이라는 말은 너무 거창하고, 가족과 같은 마음으로 함께 나눴던 생각들을 정리한 것임을 밝힙니다.

---

1) 앙드레 말로Andre Malraux, 1901.11.3. ~ 1976.11.23., 프랑스의 소설가 겸 정치가. 저서로 〈정복자들〉, 〈왕도〉, 〈인간의 조건〉, 〈모멸의 시대〉, 〈희망〉 등이 있다.

차 례

1 PART
내 집을 산다는 것

2 PART
내 집에 산다는 것

내 집을
산다는 것

선택의 기준,
"왜 은마아파트는 추천하지
않느냐구요?"

부동산 컨설팅을 하다 보면 다양한 사람들을 만나게 된다. 직업도 다양하고 보유하고 있는 자산도 천차만별이다. 그만큼 부동산을 매입하는데 있어서 선호하는 지역과 입지, 이유 또한 다양하다. 특히 '선택의 기준' 만큼 중요한 것은 없다.

신혼부부들은 대부분 교통이 편리하고 생활편의시설이 잘 갖춰진 곳을 선호한다. 다만 동원할 수 있는 자금력의 한계가 있기 때문에 선택의 제한을 받을 수 있다.

취학기 자녀를 둔 30~40대는 서서히 자녀 교육에 관심이 집중되기 시작할 때다. 따라서 살고 있는 지역보다 교육하기 좋은 환경을 찾아 이사하기를 희망한다.

대한민국 부모들 만큼 자녀에 대한 기대와 희생이 강한 부모가 또 있을까?

자녀를 환경이 우수한 곳에서 교육 시키고 싶은 마음은 대한민국 부모라면 누구나 갖는 생각일 것이다. 상담했던 대부분의 부모들도 마찬가지였다. 자녀를 위해 기꺼이 이사할 준비가 되어 있었다. 살던 집을 전세 주거나 매도하고 강남이나 목동 등 교육환경이 우수한 곳으로 가서 전세를 살거나, 그것도 안 되면 보증부 월세반전세 부담을 안고서라도 학군을 찾아 떠난다. 최근 몇십년 동안 강남 및 목동, 중계동 등 비교적 학군이 우수한 곳이 주택가격을 끌어올릴 수 있었던 이유다.

통계적인 수치에서도 드러났지만 컨설팅을 원하는 사람들

중 열의 아홉은 교통이 편리한 역세권, 학세권, 편세권이도 저도 아니면 생활환경이 편리한 입지를 선호[1]을 선호했다.

그럼 주택을 매입하는데 있어 가장 중요한 선택의 기준은 무엇일까?

우선 왜 집을 매입하려고 하는지, 왜 이사를 가려고 하는지 목적이 명확해야 한다. 대부분의 사람들은 위에서 언급한 것처럼 역세권이나 학세권을 선호한다. 직장과 거주지와의 거리 등 편의성직주 편의성을 생각한다면 교통이 편리한 입지를 선택해야 할 것이고, 자녀의 교육을 위한 것이라면 교육환경이 우수한 곳을 선택해야 한다. 지금은 고생하더라도 향후 가치가 있는 부동산을 찾는다면 재건축이나 재개발을 선택할 수도 있다. 재건축이나 재개발지역의 입지도 매우 다양하기 때문에 본인이 동원할 수 있는 자금력을 충분히 감안하여 선택해야 한다.

가끔 컨설팅을 하다 보면 본인의 자금력은 생각하지 않고 '왜 은마아파트는 추천해 주지 않으세요?'라고 말하는 분들이 있다.

예들 들어보자. 서울시 강남구 대치동에 위치한 은마아파트는 재건축 단지의 대표 주자라고 할 수 있다. 1979년에 사용승인을 받고 2010년 재건축을 위한 첫 관문인 안전진단을 통과했지만 아직도 답보 상태에 있다. 2021년 3월 실거래가 기준으로 은마아파트의 거래가격은 101㎡가 22억4천만 원[8층]에 거래 되었다. 같은 기간 101㎡의 전세 실거래가격은 8억 원[13층]이다. 그렇다면 은마아파트를 매입하여 실입주하기 위해서는 취득세 및 중개수수료 등을 제외하고도 22억 원 이상의 자금이 필요하다. 전세보증금을 떠안고 매입하더라도 최소 14억4천만 원의 자금이 있어야 가능하다.

얼마 전 상담을 의뢰했던 분은 대출을 제외한 소유자금이 8억 원 내외였다. 자금력을 감안할 때 은마아파트는 추천할 수 없었다. 그분은 내게 '왜 은마아파트를 추천하지 않느냐?'고 했지만, 은마아파트를 추천했다면 도리어 의뢰인의 자금력도 감안하지 않고 인기 있는 지역만 추천하는 비전문가라고 했을 것이다.

선택의 기준 중, 가장 중요한 것은 자금력이다.

은마아파트에 대한 얘기를 좀 더 해보자. 매우 가까운 지인이 동탄 1기 신도시에 생애 첫 보금자리를 마련했다. 양가 부모님의 경제적인 도움 없이 결혼했고, 맞벌이를 하며 모은 자금으로 동탄에 첫 집을 분양 받았다.

신도시의 특성이 그러하듯 동탄 1기 신도시의 경우 초기에는 교통 및 편의시설이 제대로 갖춰지지 않아 입주민들이 불편을 겪어야 했다. 남편의 직장이 여의도여서 아침 일찍 집에서 나와 마을버스로 1호선 병점역까지 이동했고, 병점역에서 전철로 신길역까지 이동 후 다시 5호선으로 갈아타고 여의도까지 출근했다. 한동안은 내 집 마련의 기쁨에 3시간 남짓 소요되는 출퇴근에도 피곤한 줄 몰랐다고 한다.

부부가 깊은 고민에 빠진 것은 자녀가 초등학교에 입학한 후부터였다. 좀 더 나은 환경에서 자녀를 교육하고 싶어했던 부부에게 신도시의 교육 인프라는 성에 차지 않았다. 자녀의 교육을 위해 과감히 대한민국 교육 1번지 대치동에 전세로 들어가기로 마음 먹었다.

첫 번째 실수는 여기에서 시작된다. 오랫동안 알고 지냈던 부부였기에 은마아파트 매입을 추천했지만 대출을 매우 부담스러워 했다. 우선 동탄 아파트를 전세주고 은마아파트에 전세로 들어갔다.

두 번째 기회가 찾아왔다. 제자리 걸음을 걷던 동탄 아파트가 약간 상승해 매도를 결정했다. 매도 후 넉넉하지는 않았지만 자금 여력이 생긴 부부에게 다시 한 번 기회가 찾아왔다. 개인사업을 영위하던 집주인이 긴급하게 자금이 필요하다며 세입자인 부부에게 매입을 요청한 것이다. 실거래가보다 낮은 가격이었기에 대출을 받아 매입할 수 있었지만, 대출을 매우 부담스러워했던 부부는 이를 거절하고 만다. 집주인이 매입을 권유할 때의 은마아파트 가격이 7억 원 중반대였는데, 지금은 101㎡의 실거래가가 22억 원을 넘어섰다. 이후 부부는 때늦은 후회를 하고 있지만 부부의 선택을 되돌릴 길은 없다.

많은 사람들이 선택의 기준 때문에 고민하지만, 선택의 기준 중 가장 중요하고 기본적인 것은 자기자본과 대출 등을 통해 동원할 수 있는 자금력이다.

여기서 한 가지 짚고 넘어가야할 것은 감당할 수 있는 부채는 자산이라는 것이다. 위 사례에서 언급했던 부부는 충분히 감당할 수 있는 부채 범위 내에 있었지만 대출을 부담스럽게 여겨 기회를 상실했다.

다음으로는 뚜렷한 목적이다. 자녀의 교육을 위한 이주라면 장기적인 관점에서 접근해야 하므로 전세 보다는 매입을 고려해야 한다. 교육 입지가 양호한 곳은 매매가가 지속적으로 상승한다. 당분간은 이런 기조가 지속될 것으로 보이기 때문에 교육을 위한 이사를 고민 중에 있는 예비 수요자들은 이 점을 기억하길 바란다.

투자를 위한 목적이라면 현재 누리고 있는 삶의 안락함과 편안함을 포기해야 될 수도 있다. 물론 자금력이 충분해서 투자와 거주를 분리할 수 있다면 가장 이상적인 투자가 될 수 있겠지만 증여나 상속이 아닌 직장 생활이나 개인사업을 통해 자금을 마련해야 하는 일반적인 상황의 경우라면 거주와 투자를 분리하는 것은 현실적으로 어려운 일이다. 대표적인 투자처인 재건축이나 재개발지역은 상당 기간 노후화가 진행된 상태이므로 주거의 편안함을 보장 받을 수 없는 경우가 많다. 그나마 재건축은 나은 편이지만 재개발지역의 경우 주거환경이 매우 열악하기 때문에 대부분 거주할 수 조차 없는 곳이 많다. 따라서 투자 비용을 최소화하고 나머지 자금으로 해당 재건축이나 재개발지역에 입주 시까지 거주를 해결해야 한다. 재건축이나 재개발의 경우 사업 속도가 상당 기간 지연될 수 있고 예상했던 것보다 금융비용 등이 추가로 발생할 수 있다.

2020년 12월 KB금융그룹 경영연구소에서 발표한 자료에 따르면 서울에서 내 집을 마련하기 위해서는 연소득을 한 푼도 쓰지 않고 15년 넘게 모아야만 한다. 2019년 1월 12.9년 소요 되었으나 2020년 9월 15.6년으로 늘어나 최근 2년 사이 무주택 서민들이 서울에서 내 집 마련하기는 더욱 요원해졌다.[2]

신혼부부의 경우는 더욱 그러할 것이다. 물론 신혼의 시작을 내 집에서 할 수 있다면 그것은 축복이겠지만 대다수의 신혼부부는 그렇지 않은 게 현실이다. 신혼부부의 경우에는 월세보다는 보증부 월세반전세를, 보증부 월세반전세 보다는 전세를 추천한다. 신혼부부를 위한 청약신혼부부 특별공급 등 다양한 방법으로 본인들에게 맞는 내 집 마련을 위한 방안을 결혼 시점부터 계획해야 한다. 막연히 열심히 저축해서 내 집을 마련하겠다는 생각으로 신혼을 시작한다면 내 집 마련의 꿈이 점점 멀어질 수 있다.

어떤 선택을 하든 선택은 자신이 하는 것이고 결과는 각자 책임져야 할 몫이다. 그러나 어떤 선택을 하느냐에 따라서 자녀의 교육환경이 달라질 수 있고, 주거의 편리성을 보장받을 수도 있다. 조금 더 멀리 본다면 편안한 노후를 준비하는 방법일 수도 있다.

---

1) 주거 입지 기준을 일컫는 말로 역세권, 숲세권, 학세권, 공세권(팍세권) 등이 있다. 가장 익숙한 용어가 역세권일 것이다. 역세권은 역을 중심으로 다양한 상업 및 업무활동이 이루어지는 세력권을 의미하며, 초역세권 및 트리플 역세권이라는 용어가 파생되었다. 「역세권의 개발 및 이용에 관한 법률」에 의한 역세권은 역(지하철)과 그 주변지역을 말하며, 역세권의 범위에 대해서는 구체적으로 정의되어 있지 않으나 보통 역(지하철)을 중심으로 500m 반경(半徑) 내외의 지역을 의미한다. 공세권(팍세권)은 공원이 인접해 있어 쾌적한 환경에서 산책, 운동, 휴식 등을 즐기며 생활할 수 있는 주거 지역이다. 숲세권은 숲이나 산이 인접해 있는 자연 친화적인 환경에서 생활할 수 있는 주거 지역을 말한다. 주거 입지를 논할 때 학세권도 흔히 쓰는 말인데 '학교+세권'의 합성어로 자녀 교육에 대한 의욕이 높은 요즘 30~40대의 교육 열기가 만들어낸 신조어이다.

2) KB금융지주 경영연구소, 2020.12., "2021 KB 부동산 보고서(주거용편)", KB경영연구소가 KB국민은행에서 발표하는 가구소득 대비 주택가격 비율(PIR: Price to Income Ratio) 추이를 분석한 결과, 소득 3분위가 3분위 주택(KB국민은행이 조사한 주택가격과 통계청의 소득 자료를 활용해 PIR을 산출, 주택가격 5분위와 소득 기준 5분위를 구분해 PIR 산출)을 구입할 경우 전국 PIR은 5.5년이고 서울은 15.6년으로 나타났다.

객관화의 필요성,
"주관화의 함정에 빠지지 마라"

02

부동산을 선택할 때는 객관화가 필요하다. 대부분 사람들이 주관화의 함정에서 헤어 나오지 못하기 때문에 선택의 우(愚)를 범하게 된다. 주관화의 함정을 달리 표현하면 '착각의 함정'이다. '착각의 함정'은 주관화의 오류에서 기인한다.

부동산 매입을 고민하고 있는 사람이라면 누구나 평소 관심을 가졌던 지역을 둘러보게 된다. 지금은 다양한 경로를 통해 정보를 제공받을 수 있어 대부분 사전 학습을 한 후에 '임장활동'1)을 한다.

과거에는 '정보의 비대칭'2)으로 인해 직장 동료나 친인척의 소개에 의존하는 경우가 많았다. 따라서 주관화의 함정에 빠질 위험이 상대적으로 더 높았다. 그나마 다양한 경로를 통해 정보를 접할 수 있어서 나아진 편이지만 본인의 일이다 보니 객관화가 쉽지 않은 게 현실이다.

대부분의 사람들은 다양한 지역, 다양한 부동산들을 비교 분석하다, 본인의 자금계획과 마음에 드는 부동산을 만나게 되면 계약을 서두르게 된다. 이렇게 되기까지는 양념을 더하는 공인중개사도 한 몫 한다. 그 부동산을 계약하지 않으면 곧 매매될 것처럼 말하지만 그렇지 않은 경우도 상당수 있다.

공인중개사의 최대 목표는 계약을 성사시키는 것이기 때

문에 매수인의 눈빛과 표정, 대화에서 그가 얼마나 그 부동산을 마음에 들어하는지 읽고 매매로 연결시키기 위한 작업에 들어간다. 이때 주관화에서 벗어나지 않으면 실패할 확률이 매우 높다.

"그 집이나 그 집 주변을 열 번 이상 가보셨어요?"

얼마 전 한 상담 의뢰자에게 던진 질문이다. 30대 초반의 여성 직장인이었는데 대학 때부터 자취를 시작해 이제는 오랜 전세살이에서 벗어나 작은 집이라도 마련하고 싶어 했다.

한정된 자금으로 서울에 내 집을 마련하기란 쉽지 않은 일이다. 처음엔 다세대주택 등을 알아보다 마땅한 물건을 구할 수 없자 수도권으로 범위를 확장하여 알아보던 중이었다.

의뢰인의 경우 전세 만기가 충분히 남아 있었기 때문에 서둘러 주택을 구입하기 보다는 많은 물건을 보고 비교 분석해 볼 것을 추천했다.

컨설팅을 의뢰한지 삼 개월 남짓 지난 때였다. 의뢰인에게서 급하게 연락이 왔다. 조금 전에 어떤 물건을 보고 왔는데 바로 계약하고 싶다는 것이었다.

의뢰인이 매입하려는 주택은 1970년대 초반에 지어진 서울 용산구에 위치한 오래된 아파트였다.

중개업소에서는 용산구에 위치해 있어 입지도 양호하고, 5층짜리 아파트로 거주하면서 향후 재건축도 바라볼 수 있다고 했다. '기다리다 보면 자본이득도 볼 수 있는 곳'이라는 설명도 덧붙였다.

그런데 부동산을 분석해 보니 지하철역과 그리 멀지 않은 곳에 위치한 것은 맞지만 재건축의 한계가 있어 보였다. 최근 용산구가 부동산 훈풍을 타면서 매매가가 급등한 것도 마음에 걸렸다.

의뢰인에게 삼십여 분 동안 해당 주택의 장점과 단점에 대해 설명하고 며칠간 고민할 것을 권했다. 그때 의뢰인에게 수차례 강조한 것이 '객관화의 필요성'이었다. 하지만 그 당시 어떤 말로 설득한다 해도 의뢰인은 주관화의 함정에서 빠져나오지 못할 것 같았다.

의뢰인은 이미 그 집을 사고 싶은 마음으로 가득차 있어서 내 말을 받아들일 마음의 여유가 없었다.

한 시간쯤 지났을까? 다시 전화가 걸려왔다. 대출만 가능하다면 의뢰인이 본 주택을 매입하고 싶다고 했다. 오늘도 다섯팀이나 해당 주택을 보고 갔기 때문에 지금 가계약금을 송금하지 않으면 대기 중인 다른 계약자가 계약금을 송금할 수 있다며 조급해 했다.

어쩔 수 없이 의뢰인의 작은 아버지로 신분을 위장(?)하여 중개인과 통화를 했고 대출이 불가할 경우 가계약금의 일부를 계약불이행금으로 지급하고 계약을 취소하는 조건으로 가계약을 진행했다.

아무리 장점을 찾아내려 해도 30대 초반의 여성이 거주하기에는 장점보다 단점이 많아 보이는 주택이었다. 이미 가계약금을 송금한 상태였으나 본계약을 체결하는 주말까지는 시간 여유가 있었기 때문에 해당 주택에 열 번 이상 가보라는 말을 다시 한 번 건네고 그날 상황을 종료했다.

본 계약을 앞둔 날 아침, 의뢰인에게서 연락이 왔다.
"왜 열 번 이상 가보라고 했는지 이제 알았어요."
해당 주택을 수차례 방문하고 나서야 계약을 만류한 이유를 깨달았다고 했다. 주관화에서 객관화가 된 것이다. 해당 의뢰인은 다행히 본 계약을 체결하지 않았기 때문에 가계약금 일부만을 지급하고 계약을 포기했다.

이런 사례는 운이 좋은 경우로 흔치 않은 일이다. 다행히 매도인과 중개인이 매수인의 사정을 이해하고 배려했기 때문에 가능한 일이었다.

어떤 선택을 할 때는 주관화에서 객관화로의 과정이 필요하다. 그렇지만 안타깝게도 객관화의 과정을 놓쳐서 후회하는 사람들을 종종 본다. 보통의 선택을 하는 것도 어렵지만 현명한 선택을 한다는 것은 더욱 어렵기에 부동산을 선택할 때는 객관화의 과정을 필히 거쳐야 한다.

한 번 더 생각하고, 한 번 더 두드리고 결정하자. 부동산도 인연이다. 인연이 되려면 때가 있는 법이고, 때론 기다림도 필요하다.

---

1) 부동산의 이용 실태를 알아보기 위해 부동산이 있는 현장을 직접 가보는 활동.

2) 경제 거래가 이루어지는 상황에서 한쪽이 다른 쪽보다 더 많은 정보를 가지고 있는 상태. 역선택이나 도덕적 해이(모럴 해저드)와 같은 문제가 발생.

신혼부부는
왜 헌 집을 선택했을까?

03

2016년 봄이었다. 결혼을 앞둔 예비 신혼부부가 찾아왔다. 예비 신혼부부는 신혼집 매물을 찾던 중 제한적인 자기자금과 대출에 대한 부담감, 주택가격 변동에 대한 불확실성으로 매매와 전세를 놓고 고민 중이었다.

당시 매매가는 보합 수준에 머물러 있었으나 전세의 경우 전세가율이 상승 추세였다. 누구나 다 고민할 수밖에 없는 상황이었다.

예비 신혼부부의 경우 주택가격 하락에 대한 부담감을 안고 있었지만 주택을 구입하는 목적이 거주를 위한 것이었기에 과감하게 매매를 추천했다.

주택가격 변동 추이를 고려할 때 향후 시세차익을 볼 수도 있겠다는 생각이 들었고, 무엇보다 추가적인 가격 하락 리스크가 크지 않다고 판단했다.

대출이자를 커버할 수 있을 정도의 상승여력만 있다면 주거의 안정성을 확보할 수 있고, 내 집에서 마음 편하게 신혼을 시작할 수 있다는 점이 매입을 추천한 결정적인 이유였다.

6월 결혼식 날까지 남은 시간은 세 달 남짓. 전셋집을 구하기도 빠듯한 시간인데 신혼집으로 들어가기 위한 준비까지 끝내야 되는 상황이었으므로 매물 찾기를 서둘러야 했다.

우선 자금계획을 세웠다. 신혼부부가 모아 놓은 자금은 1억5천만 원. 예비 신혼부부는 보금자리를 마련하는데 부모님께 도움을 받지 않고 스스로 해결해 보고 싶다고 했다. 당연히 OK. 예비 신혼부부가 대출에 대한 부담감을 덜 느끼면서 주택을 매입하려면 4억 원 이내가 최선이었다.

'영끌[1]'까지 생각한다 해도 5억 원 이내에서 신혼부부에게 맞는 집을 찾아야 했다.

예비 신혼부부를 위한 주택 추천 시 최우선 순위는 출퇴근의 편의성이었다. 두 사람 다 회사가 광화문 인근이었으므로 광화문 반경 10㎞ 이내로 범위를 한정했다.

2순위는 동원할 수 있는 자금의 한계가 있었으므로 자금여력을 감안했다. 또한 예상하지 못했던 국내·외 변수로 주택가격 하락 및 침체기가 도래할 수도 있었으므로 하락 리스크가 상대적으로 낮은 곳을 추천하기로 했다.

물론 향후 시세차익을 볼 수 있는 곳이라면 좋겠지만 2016년 당시 주택가격 상승을 예상하기는 쉽지 않은 상황이었으므로 다소 보수적인 관점에서 접근했다.

의뢰인의 니즈 등을 종합적으로 고려하여 도심 내 저평가된 소형 평형 매물이 적합하다는 생각이 들었고 물건 탐색에 나섰다.

신혼부부에게 첫 번째 추천했던 부동산은 서울시 종로구 무악동에 위치한 A 아파트였다.

3호선 독립문역 초역세권으로 광화문 등 도심과 매우 가까운 곳에 위치해 있다는 것이 장점이었다. 단지 내에 유치원과 초등학교가 있었고, 마트 등 생활편의시설도 잘 갖춰져 있었다. 아파트 단지에서 횡단보도만 건너면 서대문 독립문공원이 위치해 있었고 주변으로 안산과 인왕산이 병풍처럼 둘러쳐진 곳으로 서울 한복판에서 도심의 인프라와 '공세권' 및 '숲세권'의 여유를 동시에 누릴 수 있는 몇 안되는 아파트 단지 중 한 곳이었다.

특히, A 아파트를 감싸고 있는 듯한 인왕산 성곽길은 야경의 운치도 빼어나지만 가족이 함께 산책하기에 매우 좋은 곳이다.

다만 아파트 초입부터 오르막길이 시작된다는 것은 단점이었다. 아파트 단지 초입은 중·대형 평형으로 배치되어 있어 결국 단지 맨 끝에 위치한 동을 추천할 수 밖에 없었는데 이 점이 추천을 망설이게 했다.

두 번째 추천했던 아파트는 서울시 서대문구 냉천동에 위치한 B 아파트다.

5호선 서대문역을 도보로 이용할 수 있는 역세권 아파트로 준공 10년 이내의 신축아파트였다. 교통 편의성 및 도심 접근성 등은 장점이었지만, 이 아파트 역시 단지가 경사지에 조성된 점과 매매가격이 부담이었다. 신축 아파트라는 점이 부각되면서 주변 시세보다 높은 4억 중반대에 매매가가 형성되어 있어서 대출 규모를 감안할 때 신혼부부가 부담스러워 할 수 있는 물건이었다.

세 번째 부동산은 서울시 서대문구 북아현동 C 아파트였다. 준공검사를 마치고 첫 입주가 시작된 시점이었다. 1층에 위치한 테라스 하우스로 유니크하다는 점과 신축 아파트임에도 불구하고 4억 원대 초반이라는 비교적 합리적인 가격이 매력적인 요소였다.

다만 정원수로 둘러싸여 있다 하더라도 1층에 위치해 있어 사생활 침해 우려를 배제할 수 없었다. 한 가지 더 마음에 걸린 것은 2호선 아현역을 이용하려면 아파트 단지를 우회해야 한다는 점 현재는 엘리베이터가 설치되어 개선이었다.

네 번째 추천한 부동산은 서울시 서대문구 북아현동 D 아파트다. 예상과는 달리 신혼부부의 선택은 네 번째 추천한 D 아파트였다. 대부분의 신혼부부들은 주변 환경이 비교적 양호한 입지의 아파트를 선호한다.

이제부터 신혼부부가 D 아파트를 선택한 이유를 알아보자.

① 예비 신혼부부는 미래가치를 선택했다.

마지막에 추천한 D 아파트는 재개발지역인 북아현 2구역 내에 있었다.

재개발 사업이 정상적으로 진행된다 하더라도 제반 문제 등을 감안할 때 입주 시까지 10년 이상 소요될 것으로 보였지만 재개발 완료 시 시세차익이 기대되는 곳이었다.

순조롭게 재개발이 완료 된다면 현재 마포구의 랜드마크인 마포래미안푸르지오에 버금가는 아파트 단지로 탈바꿈할 것으로 여겨졌다. 재개발사업이 지연된다 하더라도 꾸준한 투자 수요가 있을 것으로 예측되어 가격 하락 리스크가 상대적으로 낮아 보인다는 점도 추천 이유였다.

② 생활편의성도 선택의 기준이었다.

D 아파트는 인근에 신규 입주한 e편한세상신촌 및 신촌푸르지오의 생활편의시설 및 인프라를 함께 누릴 수 있다는 장점도 갖고 있었다.

③ 교통편의성과 '직주근접' [2]은 덤으로 받은 선물이었다.

지하철 2호선 아현역이 도보 6~7분 거리에 있고, 도보 15

분 이내 거리에 지하철 5호선 충정로역이 있어서 교통이 매우 편리한 것도 선택 요인이었다.

또한 도심 접근성이 우수하여 거주지와 직장과의 거리가 가까워 직주의 편안함을 누릴 수 있다는 것도 신혼부부에게는 큰 장점으로 작용했다. 직주근접은 모든 직장인들이 거주 목적의 집을 선택할 때 고려하는 1순위 요인이다.

나중에 들었지만 동 배치가 정남향이라 채광이 풍부한 것도 한 몫 했다고 한다. 양가 부모님께서 햇살 좋은 봄날 오후에 이 집을 둘러보셨다고 하니 그럴만도 하다.

예비 신혼부부에게 추천했던 부동산 목록

(금액 단위: 천원)

아파트명	소재지	준공일	세대수	면적(㎡) 전용(㎡)	KB시세 (2016.4.~5.)	KB시세 (2021.03.)	시세차익
A 아파트	종로구 무악동	2000.10.	964	84.33 60.00	380,000	900,000	520,000
B 아파트	서대문구 냉천동	2011.04.	561	80.49 59.98	465,000	1,060,000	595,000
C 아파트	서대문구 북아현동	2015.10.	940	60.81 44.94	435,000	715,000	280,000
D 아파트	서대문구 북아현동	1996.05.	106	80.63 59.77	380,000(매입가) (KB시세 350,000)	1,216,500	836,500

※ 사례자의 입장을 고려하여 아파트명을 비공개함(시세는 KB국민은행 리브부동산 자료 참조)

이쯤 되면 예비 신혼부부가 어떻게 자금을 마련했는지 궁금해질 것이다.

앞서 이야기한 것처럼 예비 신혼부부는 부모님의 도움 없이 주택을 매입하고 싶어했다. 다행히 신랑과 신부가 모아 놓은 자금을 합산해보니 1억5천만 원 수준이었다.

예비 신혼부부가 이 정도 자금을 저축으로 마련했다는 것은 칭찬받을만 했다. 우선 계약금과 중도금은 준비해 놓은 자금으로 치르고 잔금은 대출을 받기로 했다.

시중은행의 주택담보대출 상품과 한국주택금융공사 및 주택도시기금HUG의 대출 등 신혼부부에게 적합한 대출상품을 알아봤다.

대출한도나 대출금리 측면에서 가장 알맞은 상품은 주택도시기금의 디딤돌대출이었고, 이 상품을 추천했다.

한 가지 아쉬운 점은 주택도시기금의 대출을 받을 경우 예비 신혼부부 공동명의로 등기할 수 없다는 것이었다.

신랑과 신부의 소득을 합산할 경우 소득요건을 초과하여 대출이 불가했기 때문이다. 이 점을 예비 신혼부부에게 설명했고 다른 대출상품도 함께 안내한 후 결정을 기다렸다.

이 부분에서도 예비 신혼부부는 의외의 선택을 한다. 신부가 주택 명의를 신랑 단독명의로 진행하는데 흔쾌히 승낙했고,

이들은 무사히 대출을 받아 잔금을 치르게 된다. 전적으로 서로에 대한 깊은 신뢰가 있었기에 가능한 일이었다.

예비 신혼부부의 주택구입을 위한 자금 계획서

(금액 단위: 원)

구 분	금 액	대출 금리	대출 기간	상환방법	월상 환액	소요내역
자기자금	150,000,000	–	–	–	–	계약금/ 중도금
주택담보대출 (디딤돌대출)	200,000,000	2.6% (고정)	10년	원리금균등 분할상환	1,894,500	잔금
신용대출	45,000,000	3.7% (변동)	1년	이자납입	138,750	취득세 / 취득관련 제비용/ 인테리어 등
합계	395,000,000	–	–	–	2,033,250	

1) '영혼까지 끌어 모아 대출을 받는다'는 신조어다. 최근 주택가격 상승으로 가용할 수 있는 모든 대출(주택담보대출과 신용대출 등)을 받아 주택구입자금에 사용하는 것을 일컫는다.

2) 직장과 주거지가 가까운 곳을 말하는 것으로, 직장인의 출퇴근 시간을 단축시킬 수 있으므로 여가시간 활용 등 삶의 질을 향상시킬 수 있다. 직주근접은 물리적 요인과 시간적 요인이 함께 작용한다. 물리적으로 가까워도 출퇴근 시간이 길 수도 있고, 물리적으로 멀어도 도로 및 지하철 등 교통이 편리하면 출퇴근 시간을 단축시킬 수 있어서 직주근접 효과를 누릴 수 있다.

"지금이라도 집을 사야 될까요?"

04

모든 일에는 때가 있다고 한다. 부동산도 매입할 때가 있고 매도할 때가 있다. 사실 그 때를 안다는 것은 쉽지 않은 일이고, 그 때를 알고 싶다고 해서 알 수 있는 것도 아니다. 그래서 대부분의 사람들은 현재 흐름을 보고 부동산 매매를 결정한다.

컨설팅을 의뢰하는 사람들에게 가장 많이 받았던 질문은 '앞으로 집값이 오를까요?'였다. 그때마다 답변은 한결같다.

"집값 상승은 아무도 모릅니다."

웃으면서 거기에 한 마디 더 덧붙인다.

"그걸 알 수 있었다면 제가 여기 없었겠지요."

주식 시장을 100% 예견할 수 있는 사람은 없다. 해당 산업과 업종을 꾸준히 연구하고 분석해왔던 애널리스트조차도 주가를 예측하기란 쉽지 않은 일이다.

이유는 간단하다. 다양한 변수들이 존재하기 때문이다. 따라서 현재 상황을 토대로 미래의 주식 시장을 조심스럽게 예측할 뿐이다. 다만 애널리스트와 전문 투자가들이 일반인의 식견보다는 더 객관적이고 전문적이기 때문에 신뢰하는 것이다.

부동산 시장도 예외는 아니다. 주식 시장과 같이 다양한 변수들이 존재한다. 국내 · 외 경기 상황, 금리 동향, 유동성 등도 변수로 작용하지만 부동산 고유의 특성도 가격 변화에 영향을 미친다. 수요와 공급의 탄력성, 부동산 시장의 균형, 부동산의 경기 변동 등이 대표적인 내용이다. 이에 더해 정부 규제 등 정책적인 측면과 세법 시행령 등과 같은 세제 부담도 부동산 시장의 변수 요인으로 작용한다.

우리는 지금 '부동산 패닉바잉'[1]의 시대를 지나고 있다. 정부의 규제 정책이 발표되면 잠시 숨고르기에 들어갔다가 규제의 역설처럼 다시 매매가와 전세가가 상승하면서 패닉바잉 현상이 심화되기도 했었다.

서울을 중심으로 상승했던 주택가격과 전·월세 가격은 김포와 파주 등 수도권 외곽으로까지 확산되었고, 이제는 전국적으로 확산세가 확대되다 주춤거리고 있는 상황이다. 끝없는 상승은 없다고 생각하기에 언젠가는 멈출 것이라고 믿지만 아직 불안한 마음을 떨쳐낼 수는 없는 상황이다.

KB국민은행이 발표한 주택가격 동향조사에 따르면 2020년 12월 서울 아파트 평당 가격 전용면적 기준이 4천만 원을 돌파했다. 2019년 12월 3,351만 원 대비 20% 이상 급등 2020년 12월 4,033만 원했다.

현 정부가 주택가격 안정화를 최우선 정책으로 삼았지만 수급 불균형과 주택가격 상승에 따른 전세가율 오름폭이 확대

되면서 수요자들의 추격매수가 아직까지 멈추지 않고 있다.

올해도 공급부족, 저금리, 풍부한 유동성, 매수심리, 분양 시장, 인플레이션 등 상승변수가 여전히 많은 편이다.

좀 더 지켜봐야겠지만 하락변수인 부동산 정책, 대출금리 인상, 조세 강화, 팬데믹Pandemic으로 인한 경기 침체 우려 등의 영향력이 상승기류를 막을 수 없을 것 같은 분위기가 감지되고 있다.

그렇다면 주택가격 상승세는 언제까지 지속될까?

아마도 독자들은 이 질문에 대한 답을 가장 궁금해할 것이다. 이 질문은 '지금이라도 집을 사야될까요?'라는 물음으로 이어지기 때문이다.

앞서 언급했듯이 집도 분명 살 때가 있고 팔 때가 있다. 다만 안타깝게도 그 살 때와 팔 때를 아는 사람은 아무도 없다.

수요자들 대부분은 올해도 상승할 것이라고 예측했다. 상승을 예측한 이유로는 전·월세 상승 부담으로 인한 매수 전환, 신규 공급물량 부족, 저금리 기조로 인한 부동자금 유입 등을 들었다.[2] 전문가들의 예측도 일반 수요자들의 예측과 크게 다르지 않다. 그렇다면 올해 집값은 상승한다는 것인데 사실이 통계도 예측에 불과할 뿐 주택가격이 상승할지 하락할지는 아무도 모르는 일이다.

"지금이라도 집을 사야 될까요?"

요즘 같은 때 가장 두려운 질문이다. 기다리라고 했다가 주택가격이 상승하면 평생 원망을 들어야 할 것이고, 매입하라고 했다가 부동산이 하락 국면으로 접어들면 그것 역시도 원망을 피할 수 없어서다.

선택의 때는 아무도 모른다. 앞서 얘기했지만 부동산 시장도 주식 시장과 같아서 그 누구도 앞날을 예측할 수 없기 때문이다. 경제학적으로 본다면 끝없는 우상향은 있을 수 없는 일이다. 역사가 증명했듯 상승기류도 어느 순간 멈추고 하락 국면으로 접어들 것이다. 그래서 많은 사람들이 그 때를 알지 못해 망설이는 것이고, 망설임과 기회 사이를 오가다 때로는 기회를 잡기도 하고 때로는 기회를 놓치기도 한다.

2020년 상반기였다. 결혼 후 서울 마포구에 소재한 아파트에 전세로 거주 중이던 삼십 대 후반의 지인이 주택을 매입하고 싶다고 찾아왔다.[3] 아주 짧은 기간이었지만 주택가격 상승 기류가 잠시 멈추면서 상승폭이 둔화되고 있는 시기였다. 전문가들의 입에서도 정부 규제가 약효를 발휘하는 것 아니냐는 의견이 조심스럽게 나오고 있던 때였다.

지인은 직장인이었고 지인의 아내는 전문직 종사자였다. 결혼 후 내 집 마련을 위해 두 사람이 저축하며 준비해 왔는데 전세살이 몇 년 동안 주택가격이 걷잡을 수 없이 올라 상실감이 이루 말할 수 없이 크다고 했다.

자녀의 취학기도 도래하고 이사 다니는 것도 힘들어서 주택가격이 큰 폭으로 하락하지만 않는다면 '내 집에서 편안하게 살고 싶은 마음'이 간절하다고 했다.

지인은 아내와 의논 후 주택을 구입하기 위해 알아보고 있는데 주변에서 만류하는 사람들이 너무 많았다고 한다. 열의 일곱은 앞으로 주택가격이 하락할 수도 있다며 다시 생각해 보라고 했단다. 이 부부는 양가 부모님과 직장 동료 등 가까운 사람들마저 그런 말들을 하자 점차 자신감을 상실했다.

전세 만기는 몇 개월 앞으로 다가오고 있었고, 어떤 결정을 내려야될지 혼자서는 판단이 서지 않아 답답한 마음에 찾아왔다고 했다.

나는 주택 구입을 상담하는 사람들을 대할 때 갖는 한 가지 원칙이 있다. '거주의 목적'이라면 가급적 긍정적으로 검토해 보라고 한다. 나중에 들었지만 지인에게는 긍정적으로 검토해 보라는 메시지가 힘이 되었다고 한다. 이후 지인은 '거주의 목적'에 맞는 집을 찾기 시작했다.

살 집은 의외로 가까운 곳에 있었다. 전세로 살고 있는 마포 아파트에 비교적 저렴한 급매물이 나왔던 것이다. 긴급하게 가능한 대출을 알아보는 등 자금조달 계획을 세워 계약하기로 결정했다. 지인도 처음엔 자금마련을 부담스러워했지만 현재 살고 있는 전세보증금과 펀드 환매금, 주식 등을 처분해 가용할 수 있는 자금을 최대한 동원했다. 부족한 자금은 주택담보대출과 신용대출로 해결하기로 했다.

지인이 매입한 아파트는 2018년에 입주한 신축 아파트로 당시 미등기 상태의 물건이었다. 매도인은 지방에 거주하고 있었는데 분양권에 대한 매매 계약 체결 건이었으므로 신경 쓰이는 부분이 많았다.

지인 부부를 망설이게 했던 첫 번째 이유는 매매 계약 당일에 잔금까지 치러야 한다는 것이었다. 급매물이었고 매도인이 지방에 거주하고 있어서 잔금일에 다시 올라올 수 없으니 매매계약 당일에 잔금까지 지급해 달라고 요청한 것이다. 주택 매매 계약도 처음인 부부에게 계약 당일 잔금까지 치러야 하는 일반적이지 않은 매매 계약은 심리적으로 큰 부담이었다.

두 번째 난관은 세입자와 이사 날짜를 조율하는 것이었다. 세입자는 전세 만기 전에 미리 이사갈 수 없다고 못 박았고, 지인의 전세 만기는 10월이었으므로 4개월간 시간차가 발생했다. 다행히 미등기 분양 물건에 대한 노하우가 풍부한 법무사 사무실에서 사전에 철저히 준비해 계약 당일 잔금 등 모든 절차를 무사히 마쳤다.

지인의 가족은 가을 햇살이 눈부시게 쏟아지던 시월에 그토록 바라던 첫 집에 입주했다. 다들 집을 살 때가 아니라고 했지만 이들 부부는 때를 알았고 머뭇거리지 않고 실천했기에 지금은 '내 집에 사는 행복'에 흠뻑 빠져 있다. 집을 매입한 목적이 명확했기에 이들 부부의 청개구리 선택법이 효과를 발휘한 것이다.

지인 부부에게 주택 매입을 결정하게 된 이유를 물었다. 지인 부부의 답변은 의외로 명료했다.

"주변 사람들이 만류하면 할수록 집을 사야겠다는 마음이 더 간절해졌어요. 마침 살던 아파트 단지에 급매물이 나왔고, 저희 부부에게 집을 살 기회가 왔다고 생각했어요. 왜 집을 살 때가 있다고 하잖아요. 그 때가 지금이라는 생각이 들었죠."

남편의 답변이었다.

"집을 둘러보는데 처음엔 설레었고 조금 시간이 지나자 평안해졌어요. 가격이 크게 하락하지만 않는다면 이 집에서 편안하게 살고 싶었어요"

지인 아내의 말이었다. 2년 남짓 거주했던 아파트 단지여서 누구보다 주변을 잘 알고 있었고, 매매 시세의 흐름도 파악하고 있었기에 가능한 일이었을 것이다.

많은 사람들이 집을 살까 말까 고민하다 기회를 놓친다. 어떤 이는 후회하고 이떤 이는 안도하기도 한다. 그만큼 주택가격을 예측하기란 쉽지 않다는 얘기다. 다만 한 가지 짚고 넘어가야할 것은 주택가격은 상승할 수도 있고 하락할 수도 있다는 것이다. 그렇다면 현재의 상황에서 최선을 선택하는 것이 답 아닐까.

"집값이 더 오를까요?"
"집도 살 때가 있다는데요, 지금이 집을 살 때인가요?"

그 누구도 "예"라고도, "아니오"라고도 대답할 수 없다.
나의 답변도 예외는 아니다. 무책임하게도 목적에 맞게 상황에 맞게 최선의 선택을 하라는 것 외에는 답변 유보다.

1) 패닉바잉은 최대한의 물량을 확보하려는 시장심리의 불안으로 인해 가격에 관계없이 발생하는 매점·매석 현상을 말한다. 일반적으로 거래량 증가와 함께 가격의 급상승이 나타난다. 최근 주택가격 상승으로 부동산 시장에서도 새롭게 적용된 용어다. 특히, 급등하는 주택가격에 상실감을 느낀 30~40대가 주택시장 매매에 뛰어들어 패닉바잉 현상이 부각되었다.

2) 한국경제, "주택 수요자 10명 중 6명 올해 집값 오른다", 2021.01.04., 온라인 부동산 정보 플랫폼 '직방'이 앱 이용자 3,230명을 대상으로 조사를 실시했고, 실시 결과를 분석한 기사이다.

3) 서울 아파트 매수자 중 30대 비중이 점차 증가하고 있는 추세다. 2019년에는 33% 였으나 2020년 상반기에 36%로 증가하였고, 2020년 하반기에는 45%에 육박했다. [공공주도 3080+ '대도시권 주택공급 획기적 확대방안'(2021.2.4., 관계기관 합동 발표자료)].

컨설팅을 의뢰하는 진짜 이유
"선택에 대한 확신을 얻고 싶다"

05

얼마 전 지인의 소개로 부동산 개발 관련 자문을 의뢰하는 분을 만났다. 부동산 개발은 일반적인 컨설팅에 비해 매우 전문적인 영역이므로 개발 전문가에게 상담 받는 게 좋겠다며 정중하게 거절했지만 개인적인 견해를 듣고 싶다며 간곡하게 요청했다.

그 분은 부동산을 투자해서 단 한 번도 실패한 적이 없다고 강조했다. 본인 선택에 대한 강한 믿음과 투자 성공사례들을 볼 때 부동산을 보는 혜안도 갖고 있었다. 그런 분이라면 굳이 컨설팅을 의뢰할 필요가 없어 보였다. 경험을 통해 체득했기에 이미 전문가의 경지를 뛰어 넘는 수준이었다. 부동산을 찾고 매입을 결정하기까지 수많은 분석 과정을 거쳤을 것이고, 어쩌면 전문 개발자보다 더 철저하게 계획을 세우고 있을 것이다.

그렇다면 그 분은 왜 나를 만나자고 했을까? 많은 사람들이 컨설팅을 의뢰하는 진짜 이유는 무엇일까?

질문에 대한 답은 간단하다. 그 분의 경우 본인이 선택한 물건과 계획한 개발 방향에 대한 확신을 누군가로부터 확인받고 싶었던 것이다. 이왕이면 부동산 전문가에게 본인의 탁월한 안목이 이번에도 빗나가지 않았음을 인정받고도 싶었을 것이다.

대부분의 의뢰인들은 계약 직전에 본인이 선택한 물건에 대해 방점을 찍어 달라며 상담을 요청한다. 리스크를 헤지 Hedge 하려는 목적도 있지만 매입하려는 부동산의 입지, 매입 시기, 매매 가격 등 본인의 선택에 대한 확신을 얻고 싶은 것이다. 자기 신뢰에 대한 결여가 아니라, 타인의 인정을 통해 마음의 안정을 찾고자 하는 심리적인 요인이 큰 것이다.

　자기가 살 집을 마련한다는 것은 인생에 있어서 가장 큰 이벤트다. 대부분의 사람들은 현재 자신이 보유하고 있는 자산에 대출까지 더해 집을 마련한다. 이왕이면 주택 가격도 상승하고 교육 환경도 우수하며 직장과 집이 가까운 곳이기를 희망한다. 그러나 모든 조건을 다 갖춘 완벽한 곳은 그리 많지 않다. 설령 그런 지역이 있다 하더라도 본인이 동원할 수 있는 자금 등을 감안할 때 넘볼 수 없는 곳도 많을 것이다. 그만큼 저마다 선택을 위한 생각도 많고 선택을 위한 고민도 깊을 수밖에 없다. 그런 까닭에 완벽한 선택이란 있을 수 없다.

　간혹 계약까지 완료한 상태에서 '잘 한 선택이냐?'고 질문하는 사람들이 있다. 이들에게 할 수 있는 답변은 제한적일 수밖에 없다. 질문 속에는 이미 염려와 불안이 내재되어 있기에 이들의 마음을 안정시키는 것이 급선무다. 그런 사람들에게는 먼저 해당 부동산에 대한 장점을 부각시켜 설명하고 향후 가치를 증대시킬 수 있는 방안이나 눈에 보이는 단점을 커버할 수 있는 방법 등을 이야기해 준다. 나 또한 그런 실패를 경험했었다.

선택을 되돌릴 수 없을 바에는 긍정의 힘을 믿고 긍정적으로 생각하고 기다리는 것이 조금 더 행복해지는 방법이다.

우리는 최근 몇 년 동안 주택가격 상승으로 힘든 시기를 보내고 있다. 정부는 주택가격을 잡겠다고 각종 규제를 내놓았다. 하지만 규제의 역설이라고 해야 할까? 대책이 발표되면 잠깐 숨고르기에 들어가는 것처럼 보이다가도 또 다시 상승해 집 없는 사람들의 설움을 키웠다. 그나마 「2·4 부동산 대책」이 발표되면서 주택 시장도 점차 안정화되는 듯 하다. 이런 상황이 지속되어 조정기가 오면 좋겠지만 또 다른 변수로 상승할 수 있기 때문에 안심할 수 없다.

하락을 예측했던 일부 전문가들에게는 비난의 화살이 쏟아졌고, 유튜브 및 SNS 등을 통해 끝없는 상승론을 펼쳤던 사람들은 대부분 전문가의 반열에 올라섰다. 오죽했으면 '부동산 패닉바잉'이라는 말이 나왔을까. 이러다 영영 집을 살 수 없게 될 수도 있겠다는 불안감에 30·40대를 주축으로 주택 매입에 뛰어 들었고, 이후 주택시장이 더 요동치기 시작했다.

KB금융지주 경영연구소가 통계청이 발표한 주택소유통계와 주거실태조사를 분석한 결과[1], 2019년 기준 전국 총 주택 수는 1,813만호로 집계 되었다. 이중 아파트가 약 1,129만호로 전체 주택수의 62%를 차지했다. 국내 총 가구 수는 2,034만 가구이며, 주택을 소유하고 있는 가구 수는 1,146만 가구로 주택 소유율은 56.3%로 나타났다. 아직도 내 집을 소유하지 못한 가구 수가 40%가 넘는다는 의미다.

범위를 서울로 좁히면 상황이 더욱 심각해진다. 전국적으로는 주택 소유 가구가 꾸준히 증가하고 있지만 서울의 경우 주택 소유 가구 비중이 49% 밖에 되지 않아 전국에서 가장 낮은 수치를 기록했다. 전년 대비 주택 수가 증가한 사람이 124만 명에 달했는데 연령대별로 분석해 보니 30대 30만명와 40대 32.2만명가 가장 큰 비중을 차지한 것으로 나타났다. 패닉바잉으로 인한 주택매입 현상이 통계에서도 여실히 드러난 것이다.

집을 사고 싶지만 매입할 수 있는 주택은 한정되어 있고, 주택시장이 안정화될 것이라는 믿음으로 기다렸는데 집값은 천정부지로 치솟았다. 전세가격 마저 상승하기 시작해 집 없는 사람들의 시름이 나날이 깊어가고 있다.

그나마 영끌이라도 해서 집을 매입할 수 있는 사람은 나은 편이다. 주택가격 조정기가 올 때까지 마냥 기다려야만 되는 사람들의 경우 눈물로 밤을 지새우는 날이 많아졌다.

이러한 때가 컨설팅 하기 가장 어려운 시기다. 집을 사라고 할 수도 없고, 기다리라고 할 수도 없다.

얼마 전, 지하철역에서 주택매입을 상담해 드렸던 분을 우연히 만났다. 그 분이 상담을 받겠다고 찾아온 것은 삼년 전이었다. 상담을 위해 몇 번 만나기도 했지만 전화 통화를 수차례 해서 기억에 남는 분이었다.

그 분이 가장 중요하게 여겼던 것은 가격 상승이었다. 입지 및 단지 규모, 주변 개발 호재 등을 감안할 때 향후 가치 상승이 예상된다고 설명해도 결정하지 못하고 며칠 뒤 새로운 물건에 대한 상담을 요청해 왔다. 이런 상황이 반복되다 보니 서서히 지쳐갔고 자연스럽게 연락이 끊겼다. 당연히 좋은 물건을 매입한 것으로 알고 있었다.

"그때 왜 강력하게 그 집을 매입하라고 하지 않으셨어요? 한 번만 더 매입하라고 추천했다면 그 집을 계약했을텐데요."

그 분의 눈빛에 원망이 서려 있었다. 열차가 도착하기까지는 단 몇 분간이었지만 원망의 눈빛을 온몸으로 받아야 되는 상황이 너무나 부담스러웠다.

나는 그 분에게 집을 사라고 할 수도 없고 그럴 의무도 없다. 때로는 매수자의 입장에서 때로는 매도자의 입장에서 현재 상황과 현상들을 분석하여 전달함으로써 그들의 결정에 도움을 주는 조력자 역할을 할 뿐이다.

당시에는 매수 타이밍이라고 생각해서 그 분에게도 추천한 것이었다. 그 중 몇몇은 실천에 옮겼고 몇몇은 생각해 본다고 했다가 기회를 상실했다. 그 분은 기회를 상실한 사람 중 한 명 이었다.

부동산도 물이 흐르듯 흐름에 따라 움직인다. 정부 규제의 효과가 잠시 나타났다 사라지는 이유도 여기에 있다. 잠시 흐름을 멈추게 할 수는 있겠지만 막으면 터지는 법이다. 물길을 알 수도 없고, 물길을 막을 수도 없듯 부동산의 흐름도 그러하다. 따라서 어떤 전문가라도 미래를 예측할 수는 없고 선택한 부동산에 대해 방점을 찍어줄 수도 없다.

무더운 여름, 깊은 우물에 두레박을 던져 길어 올린 물처럼 시원한 답변을 해줄 수 있는 전문가는 어디에도 없다. 판단과 결정은 순전히 당신의 몫이다.

1) KB금융지주 경영연구소, 2020.03.12., "주택소유통계로 본 주택시장 변화"

   KB경영연구소 자료 중 일부 내용을 요약하면 다음과 같다.

   주택 소유 가구는 2·3인 가구가 주를 이루며, 가구주는 40·50대가 48.6%(50대 26.6%, 40대 22%, 60대 21% 순)로 절반 가까이 차지했다. 주택 소유 가구 중 1채를 보유한 가구는 828만 가구로 전체의 72%며, 1채를 보유한 가구는 2015년 대비 4% 증가하였으나 2채 이상 보유한 가구는 317만 가구로 16% 증가하였다. 1채를 보유한 가구가 주택을 추가 취득함으로써 다주택가구가 양산되고 있다는 것을 보여주는 예다.

   주택 자산가액 기준 10분위를 보면 상위 분위로 갈수로 평균 소유 주택 수, 면적, 가구원 수가 모두 증가하였다. 서울·경기지역으로 갈수록 상위 분위 비중이 높았다. 세부적으로 살펴보면, 주택을 소유한 가구의 평균 주택 자산가액은 약 2억7천5백만 원(평균면적: 86.4㎡)으로 2015년 2억1천2백만 원 보다 6천3백만 원 올랐다. 10분위(상위 10%)의 평균 주택 자산가액은 11억3백만 원으로 2015년 대비 3억6천만 원(평균면적: 120.9㎡) 상승했다. 반면 1분위(하위 10%)의 평균 주택 자산가액은 2천7백만 원에 불과(평균면적: 62㎡)하여 분위간 격차가 매우 심각한 것으로 나타났다.

열두 번 이사한 부부

06

집에 대한 이야기를 할 때 A 부부를 빼놓을 수 없다. 부부는 두 사람 다 처음 서울에 올라와 직장 생활을 시작했고 친인척 집에 머물러야 했다.

그들에게는 꿈 하나가 있었다. 서울살이 시작부터 친척 집에 얹혀 살아야 했기에 전세보증금을 마련해 친척 집에서 독립하는 것이었다. 결혼 전 삼 년 남짓 저축해 모은 돈으로 남편은 반지하에 전세로 들어갔고, 아내는 옥탑방에서 전세를 살게 되었다. 그런 두 사람이 만났으니 내 집 마련의 간절함이 오죽했을까?

A 부부에게 이사란 무엇이었을까?

몸은 고되고 힘들지만 새로운 보금자리가 주는 행복에 '힘듦'도 거뜬히 이겨낼 수 있는 것. 현재 보다 나은 삶을 위해 안락함을 포기해야될 때도 많았지만 희망이 있었기에 견뎌낼 수 있는 것. 이 부부에게 이사란 그런 것이었다.

A 부부는 살고 있던 집에서 자금이 모이면 어김없이 더 나은 집을 찾아 이사를 했다. 첫 이사는 신혼살림을 꾸렸던 다세대주택 원룸을 매도하고 방이 두 개인 17평 아파트 전세로 옮기는 것이었다.

결혼 후 아이가 태어났고 점차 짐이 늘어나 열 평 남짓한

다세대주택은 세 가족이 살기에 좁았다. 고심 끝에 이사를 결정했다. 어렵게 마련한 첫 집이었기에 정도 많이 들었다. 그만큼 매도를 결정하기가 쉽지 않았다. 무엇보다 집 없는 설움을 다시 겪어야 한다고 생각하니 아쉬움도 컸고 미련도 남았다. 하지만 열 평 남짓한 다세대주택에 평생 거주할 수는 없다는 생각에 이르렀고, 매도 후 대출을 받아 17평 아파트 전세살이를 시작했다. 젊은 부부가 함께 유모차를 밀고 올라가야 하는 언덕 위에 위치한 아파트였지만 아파트에 살 수 있다는 것만으로도 행복했었다.

아파트 전세살이 이년 째, A 부부에게 위기가 찾아온다. 집주인에게서 집을 매도하겠다고 연락이 온 것이다. 부부는 잠을 이루지 못할 만큼 깊은 시름에 빠졌다. 임대인에게 일 년만 더 살게 해달라고 부탁했다. 그 사이 전세가가 상승해 모아 놓은 자금으로는 같은 평형대의 아파트로 옮기는 것도 여의치 않은 상황이었다. 임대인에게서 돌아온 답변은 '상황은 이해하지만 형편이 좋지 않아 어쩔 수 없이 매도해야 한다'는 것이었다.

부부는 아이를 등에 업고 전셋집을 알아보러 다녔다. 그렇게 한 달을 훌쩍 넘긴 어느 날 친구 아이의 돌잔치에 참석하러 가던 부부에게 버스 창 넘어 아파트 단지 한 곳이 눈에 들어왔다. 부부는 버스에서 내려 곧바로 중개업소를 찾아갔다. 예상했던 대로 부부가 모아 놓은 자금으로는 매입할 수 없는 아파트였다.

모든 대출을 동원한다 해도 무리였다. 중개업소 사장님께 대출 등으로 마련할 수 있는 자금을 솔직하게 말씀드리고 집 주인에게 매도가 할인을 요청했다. 매도인은 처음에는 단호하게 거절했으나 수차례 요청하자 '생각할 시간을 달라'고 했다.

물건도 보지 않고 매매가 흥정에 들어갈 만큼 아파트 단지가 마음에 쏙 들었다. 가격 조정을 요청한 후에야 중개업소 사장님과 함께 매물로 나온 집을 보러 갔다. 또 다른 난관에 봉착했다. 그 집에 거주하고 있는 세입자도 부부의 상황과 별반 다르지 않아 집이 매도되면 갈 곳이 마땅찮았던 것이다.

보증금을 올려주고 전세 만기를 연장하고 싶었는데 집 주인이 매도를 통보하자 집을 보여주는데 비협조적이었다. 삼십 여 분을 현관 앞에서 기다리면서 사정하고 또 사정해서 아주 잠깐 집을 둘러보고 나왔다. A 부부가 처한 상황과 같았기에 이해는 되었지만 마음이 편치 않았다.

그렇게 일주일이 지났다. 일주일이 일년처럼 느껴졌다. 부부는 퇴근 후 기도하는 마음으로 매일 그 아파트 단지를 둘러봤다. 이제 막 걷기 시작한 아이와 함께 아파트 놀이터도 둘러보고 단지 내 초등학교에도 가보고 아파트 단지 이 곳 저 곳을 돌다 집에 돌아왔다.

간절함이 통했던 것일까? 중개업소를 통해 매도인에게서 연락이 왔다. 부부가 동원할 수 있는 범위 내에서 매매가를 조정해주겠다는 것이었다.

"집도 인연이 있나 봐요. 얼굴도 못 본 분들이지만 두 분이 이 집을 얼마나 원하는지 중개업소 사장님을 통해 전해 들었어요. 저도 이 집이 첫 집이었는데 이 집을 계약했을 때가 생각났어요. 쉽지 않은 결정이었지만… 앞으로 행복하게 잘 사셨으면 좋겠어요."

우여곡절 끝에 계약서를 쓰던 날 아내는 와락 눈물을 쏟았다. '우리 집', '꿈에 그리던 24평 아파트'가 생긴 기쁨 때문이었다. 아파트에 입주한 첫 날, 잠을 이룰 수 없었다며 함박 미소를 짓던 A 부부의 모습을 보면서 마치 내가 집을 산 것처럼 덩달아 행복해졌다.

십 년이 훌쩍 지난 이야기를 하는데도 엊그제 겪은 일을 이야기 하듯 부부의 마음과 머리가 그 때의 행복을 오롯이 기억하고 있는 듯 했다.

A 부부의 도전은 여기서 멈추지 않는다. 아내의 꿈이었던 '미래 지향적이며米, 아름답고美, 편안한女 아파트'라는 광고로 모든 주부들의 선망의 대상이었던 집에 살아보기 위해 새로운

도전을 시작한다.

24평 아파트의 편안함을 뒤로하고 34평 신규 분양 아파트에 입주하기 위해 보증금 1천만 원에 월세 25만 원을 내는 주차장 옆 반지하 다세대주택으로 이사한다. 일곱 평도 되지 않는 반지하 원룸이라 화장실이 반 평 남짓도 안되었다. 하루는 윗집 아이가 놀러와 부부의 아이에게 "○○아, 너는 화장실도 없는 주차장에서 어떻게 사니?"라고 말했다고 한다. 그때 아이에게 너무 미안해 마음이 아팠지만 견딜 수 있었던 것은 얼마 후면 새 아파트에 입주할 수 있다는 희망이 있었기 때문이었다.

"힘든 이사를 어떻게 열두 번이나 할 수 있었어요?"

"새로운 집에 대한 기대와 설렘이 힘든 이사의 기억도 잊게 해줬어요."

A 부부는 진정한 몸테크의 대명사다. 아직도 A 부부의 이사는 진행형이다.

두 번 이사한 부부

07

여기 또 한 부부의 이야기가 있다. 서울 여자와 부산 남자가 만났다. 자라온 환경이 다르듯 생각도 달랐지만 B 부부에게는 공통점 하나가 있었다. 집에 대한 생각이었다.

B 부부는 2008년 결혼하면서 두 사람이 모아놓은 자금과 부모님의 도움을 받아 서울 영등포구 당산동에 신혼집을 마련한다. 첫 출발이 비교적 수월한 편이었다.

당시 당산동은 여의도와 가까운 도심임에도 불구하고 신혼부부가 대출을 받아 주택을 매입할 수 있을 만큼 주택가격이 높지 않았다. 또한 교통의 요충지였고 이듬해인 2009년 9월 타임스퀘어가 오픈하는 등 인근에 생활편의시설이 잘 갖춰져 있는 편이어서 신혼부부가 살기에는 안성맞춤인 곳이었다.

B 부부가 거주의 편안함에 안주했다면 아마도 강남 입성의 꿈을 이루지 못했을 것이다. 부부는 당산동에 거주하면서 남편의 직장이었던 여의도를 눈여겨 봐왔고 매수 타이밍이라는 생각이 들자 당산동 아파트와 과감히 결별한다.

비교적 신축 아파트였던 당산동 아파트와 달리 여의도 소재 아파트는 1976년에 준공되어 부부의 나이보다 오래된 곳이었다. 겉보기에도 낡고 허름했지만 내부는 생각했던 것보다 더 심각한 편이었고 주차 문제 등 주거적인 측면에서는 여러모로 불편했지만 부부는 재건축 이슈 등 아파트의 미래 가치를 보고 매입을 결정했다.

사실 젊은 신혼부부가 살던 집보다 좁고 오래된 집으로 이사한다는 것은 결코 쉬운 결정이 아니다. 이 부부도 여느 부부들처럼 다른 부분에서는 생각의 차이가 많았지만 다행히 집에 대해서는 지향점이 같았기에 주거의 불편함을 감내하는데 흔쾌히 동의할 수 있었다.

지금도 B 부부는 여의도 아파트에 거주 중이다. 물론 입주 시 리모델링을 했기에 내부는 깔끔한 편이지만 주차 문제 등으로 스트레스를 받곤 한다. 오래된 구축 아파트에 거주하는 입주민이라면 누구나 겪는 일일 것이다.

B 부부는 2018년 강남 입성의 꿈을 이룬다. 강남 입성을 차근차근 준비했기에 가능한 일이었다. 사실 공들여 리모델링한 여의도 아파트에 계속 거주할까도 생각했었다.

여의도 일대는 1970년대에 건축된 아파트들이 많아 당시 재건축 바람이 불기 시작할 무렵이었다. 부부는 머리를 맞대고 고민하던 중 자녀 교육 등을 위해 여의도를 떠나기로 결심하고 강남 아파트 매입을 위해 발품을 팔기 시작한다.

강남 아파트를 구입하기에는 자금이 턱없이 부족한 편이

었지만 자녀 취학까지 한참 남아 있었으므로 전세를 끼고 매입한 후 자금을 모아 전세보증금을 반환하고 실거주하기로 계획을 세운다. 다행스러운 것은 2015년에 매입한 여의도 아파트가 재건축 이슈 등으로 2억 원 이상 상승해 있었다. 만약 A 부부가 출퇴근 및 주거의 편의성만을 생각해 당산동 아파트에 계속 머물렀다면 꿈을 이룰 수 없었을 것이다. A 부부의 강남 아파트 입성이 이제 눈앞으로 다가왔다.

당산동에서 여의도 입성에 대한 컨설팅은 어렵지 않았으나 B 부부가 강남으로 이사를 가겠다고 찾아왔을 때는 어떻게 컨설팅을 해야할지 한참을 고민했다.

앞서 언급한 것처럼 여의도 소재 아파트를 지속적으로 보유하고 있어도 가격 상승 여력이 있었기에 향후 몇 년 동안은 보유하는 것이 좋을 것 같았다. 이들 부부의 강남 입성을 찬성하게 된 결정적인 이유는 자녀 교육 등 주택 매입 목적이 명확했고, 매우 구체적인 자금 계획을 세우고 있었기 때문이었다.

B 부부에게 먼저 여의도 아파트를 매물로 내놓고 강남 아파트를 알아보라고 권했다. 매수자금을 보유하고 있어야만 적정한 매입 물건이 나타났을 때 바로 실행에 옮길 수 있기 때문이다.

B 부부는 2017년 6월 여의도 아파트를 매도한 후 6개월 이상 강남 아파트를 구입하기 위해 발품을 팔았고 2018년 2월 드디어 강남 도곡동에 있는 아파트를 매입하게 된다. 결혼 10년 차에 강남 아파트 매입에 성공한 것이다.

B 부부의 경우 신혼부부였지만 부동산을 보는 기본적인 소양을 갖고 있었다. 얼마 전에 다시 만난 B 부부는 부지런히 자금을 모으고 있었다. 이사까지 마무리해야 진정한 강남 입성이기에 몇 달이라도 입주 시기를 단축시키기 위해서 하루하루를 열심히 살고 있다고 했다.

주택가격 상승으로 많은 사람들의 시름이 깊은 요즘, 자녀 교육 및 주택가격 상승이라는 두 마리 토끼를 잡은 가장 행복한 사람들이다.

강남 입성을 위한 B 부부의 아파트 매입 사례

(금액 단위: 천원)

아파트명	소재지	면적(㎡) 전용(㎡)	매입 시기 매입 가격	매도 시기 매도 가격	기타 참고사항
당산동 A 아파트	영등포구 당산동	80.00 59.97	2008.12. 366,500	2015.01. 408,000	본인 거주 매도 후 이사
여의도 B 아파트	영등포구 여의도동	79.61 74.55	2015.01. 590,000	2017.06. 830,000	매도 후 전세로 거주 중
도곡동 C 아파트	강남구 도곡동	119.00 89.88	2018.02. 1,540,000	—	현재 임대 중 전세 보증금 1,000,000

※ 사례자의 입장을 고려하여 아파트명을 비공개함(KB국민은행 리브부동산 자료 참조)

B 부부에게 여의도 · 도곡동 아파트를 추천한 이유

아파트명	추천 이유
당산동 A 아파트	· 당산동 A 아파트의 경우 신혼부부가 직접 선택한 아파트였음 · 맞벌이 신혼부부였고 직장이 여의도와 시청역 인근이여서 교통 및 생활편의시설 등을 가장 중요하게 고려함 · 아파트 매입 당시 당산역은 9호선 공사 중이었고, 2호선과 9호선 환승역이라는 점도 선택 시 중요하게 생각함
여의도 B 아파트	· 각종 규제로 인해 재건축이 쉽지 않은 상황이었고, 한강 르네상스 사업 좌절로 매매가가 최고(호가) 대비 30 ~ 40% 수준으로 하락한 상태였음 · 추천 시 직주 근접, 가격 하락폭, 당산동 대비 향후 호재 등을 감안했다함 · 대부분 1970년대에 건축한 아파트로 재건축 이슈 등이 상존한다는 점도 고려하였음
도곡동 C 아파트	· B 부부의 경우 자녀 교육에 대한 관심이 높은 편이었으므로 C 아파트가 학세권 반경 안에 소재해 있다는 점을 고려했음 · 교통 편의성(3호선 도곡역, 분당선 환승) 등을 감안하여 추천하였고, 강남의 중심지라는 점에서 향후 가치도 중요하게 생각함 · 인근 랜드마크 단지에 비해 매매거래 빈도가 낮았고, 이러한 점이 매매가에 반영되어 매매 가격이 상대적으로 낮았다는 점도 추천 사유였음

그렇다면 A 부부와 B 부부, 누가 더 성공한 것일까?

08

성공의 기준을 어디에 두느냐에 따라 달라지겠지만 개인적으로 봤을 때 두 부부 모두 성공한 케이스에 속한다. A 부부와 B 부부 모두 주택 매입의 목적이 명확했고, 구체적인 자금 계획을 세워 본인들이 감당할 수 있는 범위 내에서 실행에 옮겼다.

물론 B 부부가 두 번 이사로 강남 입성의 꿈을 이루었기에 더 성공했다고 보는 이들도 있겠지만 A 부부의 경우도 자기희생과 노력으로 꿈을 이뤘다고 볼 수 있다. A 부부와 B 부부 모두 각자 자신들이 처한 조건과 환경에서 최선을 다했고, 나름 만족할만한 결과물을 얻었다.

대부분의 사람들은 시세로 부동산 투자에 대한 성공을 가늠한다. 단언하건데, 각자 추구하는 행복의 척도와 지향점이 다르기에 단순히 부동산 가격의 상승폭으로 성공을 가늠할 수는 없다.

예외는 있겠지만 대한민국 사람이라면 대부분이 교통이 편리하고 생활편의시설이 잘 갖춰져 있으며, 학원 가깝고 학군이 우수한 강남 3구 아파트에 거주하기를 희망한다. 대한민국 주거 욕망의 집합체가 강남 3구이기 때문이다. 그러나 모든 사람들이 강남에 거주할 수는 없다. 각자 동원할 수 있는 자금의 한계가 있고 처한 상황이 다르기 때문이다.

그렇다면 강남 3구 아파트에 거주하는 사람들이 그 외 지역에 거주하는 사람들보다 더 행복할까? 앞서 얘기했지만 집의 가치는 시세로 측정되는 것이 아니다. 집은 삶의 영위를 위해 꼭 필요한 것이지만 행복의 척도는 될 수 없다. 집은 내 자신이 혹은 내 가족이 편안하게 머물 수 있는 공간이 되어야 하는데 '타워팰리스에 사는 사람' 등으로 부의 상징이나 주거 특권화 의식 같은 것이 생기면서 '집이 주는 본연의 따뜻함'을 상실했다.

우리는 가끔 집값에 매몰되어 집에 대한 본연의 가치를 잠시 망각할 때가 있다. '집'은 어디까지나 '집'이어야 한다. 아직도 나는 하루 이틀 집을 비웠다 현관문을 열 때면 '내 집이 주는 평안함'을 느낀다. 때론 아주 먼 여행에서 돌아온 것처럼 깊은 평안함을 느낄 때도 있다. 집은 그런 곳이여야 한다.

A 부부가 들려준 이야기 한토막이 생각난다. A 부부에게 "열두 번의 이사는 어떤 의미가 있는 것이었나?"라고 물은 적이 있었다.

A 부부는 "열두 번의 이사로 얻은 행복"이라고 말했다. A 부부는 단독주택에 거주 중이었는데 처음엔 A 씨의 아내가 반대했다고 한다. 열두 번 이사하기까지 아파트에서도 살았고 반지하 원룸에서도 살아봤고 때론 마당있는 빌라에도 살았다고 한다. A 씨의 아내는 다 견딜 수 있었지만 단독주택은 살고 싶

지 않았다고 했다. 첫 번째는 보안이 문제였고, 두 번째 관리비가 너무 많이 들 것 같은 생각이 들었고, 세 번째 바쁜 직장 생활을 하는 남편 대신 단독주택을 관리할 수 없을 것 같았기 때문이었다.

집도 정이 드는 것일까? A 씨의 아내는 그렇게 살기 싫었던 단독주택이 어느 순간 좋아지기 시작했단다. 마당을 정리하고 가꾸는 것은 오롯이 남편의 몫이었는데 봄이 되어 새순이 올라오고 있는 작은 마당에 수선화를 심고 있는 본인의 모습에 깜짝 놀랐다고 한다. 여름엔 장미와 수국을 심고 있었고 가을엔 떨어지는 낙엽을 아쉬워하는 자신의 모습을 보면서 살면서 정이 드는 것은 비단 사람만이 아니라는 생각이 들었다고 회상했다.

집도 그러한 법이다. A 씨의 아내는 조금 더 일찍 깨달았다면 집이 주는 행복을 더 일찍 알았을 것이라며 아쉬움을 드러냈다. 열 두 번의 이사 끝에 어느 정도 자산가치도 상승했다.

강남 아파트나 목동 아파트에 살았다면 편안하게 살면서 열두 번 이사 끝에 얻은 자산가치 보다 집값이 더 올랐겠지만 지금이라도 집이 주는 행복을 알았으니 다행이라며 환하게 웃는 A 씨 아내의 모습에서 집에 대한 가치를 새롭게 생각하게 되었다.

요즘 부동산 시장을 보면서 안타까운 것은 이 부부처럼 희망을 가질 수 있으면 견딜 수 있을텐데, 그러한 희망마저 가질 수 없을 만큼 주택가격이 상승했고 안정화될 기미가 보이지 않는다는 것이다. 아파트는 눈여겨 볼 수 없는 상황에 이르렀고 다세대·연립주택의 가격도 가파르게 상승했다. 기약 없는 막연한 기다림은 불안감을 증폭시킨다. 오죽했으면 이 나라 부동산 정책을 책임지고 있는 전 국토교통부 장관이 "아파트가 빵이라면 밤을 새워서라도 만들겠다"고 했을까.

주택은 절대적인 공기工期가 필요하므로 장기 계획을 세워 공급해야 한다. 표심을 얻기 위한 부동산 정책, 정부가 상황에 따라 공급계획을 세우고 상황에 따라 수시로 정책을 변경하면 그 피해는 서민들의 몫이 된다.

앞서 이야기한 두 부부처럼 부동산을 매입하기 위해서는 꾸준히 계획을 세워야 하고 동원할 수 있는 자금 범위 내에서 실행에 옮기는 결단이 필요하다.

가끔 무리한 투자 계획을 세우는 분들이 있다. 계획을 거창하게 세우다 보면 실행할 때 한계에 부딪히게 된다. 한계를 알면서도 무리하게 실행하다 보면 99% 좋지 않은 결과를 초래하게 된다. 그런 사례는 우리 주변에 넘쳐나고 있다.

부부가 마음을 같이해야 몸테크도 성공하는 법이다. 남편과 아내 중 한 사람이 원치 않는다면 아무리 자본적 이익을 크게 취할 수 있다 해도 선택하면 안 된다. 그 누구도 부동산의 미래를 예측할 수 없을뿐더러 항상 올바른 선택을 한다는 보장도 없기 때문이다. 욕심으로 인한 한 순간의 실수가 가정의 평안을 깨트리는 요인이 될 수 있다는 것을 기억했으면 좋겠다.

TIP

현명한 투자 & 행복한 투자를 위한 원칙

1. 투자를 위해 구체적인 목표를 세워라.
2. 투자 목표에 맞게 자금계획을 세워라.
3. 모든 일에는 타이밍이 있는 법, 타이밍을 잡아라.
4. 실행을 위해서는 결단하고, 결단했으면 실행하라.
5. 욕심은 화를 부르는 법, 감당할 수 있는 범위 내에서 투자하라.
6. 부부라면 함께 생각하고, 함께 고민하고, 함께 실행에 옮겨라.
7. 때로는 조금 더디 가고, 때로는 조금 내려 놓고, 때로는 조금 부족한 듯 투자하라.

'영끌'로 목동 아파트 사는 남자

09

한 때 '영끌해서 집 산다'는 말이 유행처럼 번졌었다. 정부가 주택시장 안정화 대책을 내놓으면서 과다한 대출을 받아 주택을 구입하는 것을 차단시켰지만 내 집을 마련하고 싶어하는 사람들의 욕망을 누를 수는 없었다.

주택담보대출을 막자 신용대출을 받아 집을 사는 대출 풍선효과도 나타났다.

'영혼까지 끌어 모아 대출을 받는다'는 신조어인 '영끌'이 최근에만 있었던 것은 아니다. 2017년 「6 · 19 부동산 대책」과 「8 · 2 부동산 대책」[1] 이전에는 주택을 구입하면서 대출을 받는 것이 그리 어렵지 않았다.

LTVLoan To Value ratio[2] 한도도 높았고, DTIDebt To Income[3]나 DSRDebt Service Ratio[4] 등 규제의 허들도 높지 않았다. 대부분의 사람들은 주택을 구입할 때 은행을 이용했고 본인의 자금 상황에 맞게 대출을 받은 후 차근차근 상환해 나갔다. 간혹 최대 한도까지 대출을 받아 집을 사는 이들도 있었다.

지금은 신용대출도 옥죄고 있어서 영끌마저도 힘들어진 시대가 되었다. 주택가격은 끝모르고 상승해 상대적인 박탈감은 이루 말할 수 없이 큰데 주택담보대출과 신용대출 받기도 깐깐해져서 내 집 마련의 꿈이 점점 멀어져가고 있다.

영끌로 내 집 마련에 성공한 사람의 이야기를 하고자 한다.

현재 목동 소재 아파트에 사는 P 씨의 사례다. P 씨는 2008년 5월에 결혼했다. 결혼 당시 성북구 정릉동 소재 A 아파트에 2년 전세로 거주했다.

맞벌이 부부였던 P 씨는 아이가 태어나자 여동생의 아이를 돌볼 목적으로 서울에 상경해 있는 어머니께 육아 도움을 요청하기 위해 여동생 집과 가까운 목동으로 이사한다.

목동에서 1년 6개월을 전세로 거주하던 P 씨는 아내와 의논 후 목동 소재 아파트를 매입하기로 마음 먹는다. 전세 만기가 6개월 정도 남아 있어 여유는 있었지만 시간이 날 때마다 부지런히 아파트 매물을 찾아 매입 여부를 문의했다.

그 당시 주택시장은 끝모르게 상승할 줄 알았던 아파트 시세가 2008년 미국발 금융위기의 여파로 하락기에 접어든 상황이었고 매물이 나와도 매도까지 이어지기가 쉽지 않았던 때였다. 매수자 우위 시장이었지만 매수를 선뜻 결정하는 사람은 드물었다.

P 씨는 본인 및 아내의 직장 출퇴근 거리, 향후 자녀 교육 등을 고려하여 목동에 거주하기로 결정하고, 목동 소재 아파트를 집중적으로 알아보기 시작했다.

그러던 어느 날 P 씨에게서 다급하게 연락이 왔다. 초역세권에 급매물로 나온 아파트가 있다며 당장 계약하겠다고 했다.
당시 P 씨가 계약하고자 했던 아파트의 KB국민은행 리브부동
산 시세는 5억8천만 원 내외였는데 5억1천2백만 원에 나온 급
매물이었다. 단 조건이 있었다. 계약 후 잔금을 일주일 내에 지
급해야만 했다.

우선 P 씨를 진정시키고 등기사항전부증명서를 발급 받아
확인했다. 아니나 다를까. 압류와 제2금융권에서 대출을 받아
근저당권이 다수 설정되어 있었고 경매가 진행되기 직전의 물
건이었다.

매도인의 처지도 딱한 상황이었다. 아파트를 분양받아 입
주 때인 1994년부터 2012년 매도 직전까지 18여 년 동안 거주
했던 곳인데 아들의 연이은 사업 실패로 집이 경매로 넘어가게
되자 매도를 결정한 것이다.

문제는 자금을 마련하는 것이었다. 전세 만기가 남아있었
으므로 매매금액을 대출로 마련해야 되는 상황이었다.

당시 P 씨가 받을 수 있었던 은행의 주택담보대출 LTV담
보인정비율는 60%였다. P 씨는 모기지신용보험MCI; Mortgage Credit
Insurance [5]까지 활용해 주택담보대출을 최대한 받았고 나머지 부
족한 자금은 본인과 아내가 각각 신용대출을 받기로 했다.

보유하고 있던 약간의 예금과 신용대출로 계약금을 마련하

고 은행에서 주택담보대출을 받아 매매 잔금과 취득세 및 등기 비용 등을 지급하기로 하고 계약을 진행했다. 다행히 일주일 이 내에 잔금을 지급하고 소유권 이전 등기도 무사히 마칠 수 있었 다.

평생 목동 주민 된 P 씨의 아파트 매입 사례

(금액 단위: 천원)

구 분	소재지	면적(㎡) 전용(㎡)	매입 시기 매입 가격(천원)	현재 시세 (실거래가 기준)	거주 여부
목동 A 아파트	양천구 목동	103.00 84.00	2012.02. 512,000	2021.03. 1,475,000(3층)	매입 후 본인 거주 중 상승폭: 963,000
단지 특징 및 추천 사유	· 세대 수 300세대 이내로 소형 아파트 단지지만 초역세권에 위치해 있어 　소형단지의 단점을 충분히 커버할 수 있었음 · 유동인구가 풍부한 곳으로 주변에 백화점 등 생활편의시설이 잘 갖춰져 있어 　향후 시세 상승이 기대 되었음 · 아파트 단지 인근에 초 · 중 · 고가 위치해 있는 학세권이었고, 주변에 　학원가 밀집된 곳으로 교육환경이 양호한 곳이었음				

※ 사례자의 입장을 고려하여 아파트명을 비공개함(KB국민은행 리브부동산 자료 참조)

　P 씨를 만날 때면 그 때 일을 이야기 하곤 한다. P 씨는 잔 금을 치르던 날의 기억이 아직도 생생하다고 했다.

　계약서에 이름을 쓰면서 손을 떨던 어르신의 모습, 빚잔치 하고 남은 3천만 원으로 경기도 어느 곳 비탈진 언덕 빌라에 들 어가 살기로 했다며 젖은 눈으로 등기권리증을 넘겨주시던 어 르신의 모습이 아직도 선명하게 떠오른다고 했다.

'영끌'이라는 말이 유행어처럼 번지고, 영끌로 주택을 구입했다는 사람들의 사례를 많이 듣기도 했지만 진정한 '영끌의 승자'는 P 씨였다.

지금은 투기지역 및 투기과열지구 내 주택가격 9억 원 이하의 경우 LTV 40%까지 대출이 가능하고, KB시세 일반평균가나 한국감정원의 층별·호별 격차율 지수로 산정한 금액이 15억 원을 초과하는 경우에는 대출을 받을 수 없다.

2020년 12월부터는 신용대출 받기도 쉽지 않은 상황이라 이제는 영끌로 집을 살 수 없는 시기가 되었다. '주택 사다리를 걷어찼다'는 원망이 여기저기서 터져 나오는 이유도 이 때문이다.

영끌로 평생 목동 주민이 된 P 씨는 아직도 그 아파트에 거주 중이다. 집이 주는 만족도가 높아 이사 가고 싶은 생각이 전혀 없다고 했다.

목동 아파트 매입 후 몇 달 뒤 전세보증금을 받아 신용대출도 상환했고 주택담보대출도 부지런히 갚아가고 있다고 했다. 얼마 후면 모든 대출에서 자유로워진다며 좋아했다. P 씨는 영끌로 목동 사는 남자가 되었다.

가계 주택담보대출 개정 주요 내용

구분	주요 내용
주택시장 안정화 방안 발표 시기	· 2019.12.16. / 2020.02.20. / 2020.06.17. / 2020.07.10.
투기지역 및 투기과열지구 소재 주택담보대출 규제 강화 내용	· 시세 9억원 초과 고가주택 주택담보대출 취급 시 9억원 초과 분에 대한 LTV 차등 적용 · 시세 15억원 초과 아파트 주택담보대출 취급 금지 · 고가주택 담보대출 취급(보유) 차주에 대해 차주 단위 기준 DSR 40% 적용
기타 참고내용	· 조정대상지역 소재 주택담보대출 LTV 적용 기준 강화 · 서민 · 실수요자 연소득 기준 강화 · 규제지역 지정 · 변경 시 잔금대출 등 집단대출 규제 경과조치 보완

※ 2021년 4월 기준(대출규제는 정부 정책 등에 따라 변경될 수 있음)

규제 지역별 LTV 및 DTI(2020. 5. 20. 기준, 현재 적용 기준도 동일)

자금용도	소재지역	보유주택	주택가격	LTV	DTI
주택구입자금	투기지역 및 투기과열지구	무주택	9억원 이하 분	40%	40%
			9억원 초과 분	20%	
		1주택	9억원 이하 분	40%	
			9억원 초과 분	20%	
		2주택 이상	–	대출 불가	
	조정지역	무주택	9억원 이하 분	50%	50%
			9억원 초과 분	30%	
		1주택	9억원 이하 분	50%	
			9억원 초과 분	30%	
		2주택 이상	–	대출 불가	
	기타지역	무주택	–	70%	60%
		1주택 이상	–	60%	50%

※ 주택구입자금: 투기지역 및 투기과열지구 소재 아파트로 신청일 기준 KB시세 일반평균가 또는 한국감정원 시세 15억원을 초과하는 경우 구입자금대출, 이주비대출, 중도금대출, 잔금대출, 임차보증금 반환 목적 생활안정자금(2019.12.18. 이후 구입 주택에 한함) 대출 불가

1) 주택가격 상승세가 멈추지 않자 정부는 다양한 부동산 대책을 내놓기 시작했다. 첫 번째 대책이 「6·19 부동산 대책」이었고, 추가 규제인 「8·2 부동산 대책」이 연이어 나왔다.

① 「6·19 부동산 대책」; 주택시장의 안정적 관리를 위한 선별적 맞춤형 대응방안(2017.6.19. 발표)」

「6·19 부동산 대책」은 광범위하게 규제하는 방안이 아니라 소위 '핀셋규제'로, 주택시장의 안정적인 관리를 위해 꼭 필요한 부분만 선별적으로 규제한 정책이다. 세부적인 내용으로는 청약 조정대상지역 내 주택담보대출 DTI(총부채상환비율)와 LTV(담보인정비율) 10% 축소(6·19부동산 대책 이전 70%), 청약 조정대상지역 추가 지정, 분양권 전매가 금지되었던 강남 4구 외 서울 전역 민간택지 분양권 전매 금지, 재건축 조합원 주택공급 수 제한, 다운계약서 신고제도 활성화 등이었다.

② 「8·2 부동산 대책」; 실수요 보호와 단기 투자수요 억제를 통한 주택시장 안정화 방안(2017.8.2. 발표)」

「8·2 부동산 대책」은 주택가격 폭등을 막고 크게 상승한 주택가격을 합리적으로 조절하기 위한 규제였다. 주요 내용은 조정대상지역·투기과열지구·투기지역 신규 지정, 주택청약 1순위 조건 강화, 청약가점제 비중 확대, 주택담보대출에 필요한 DTI(총부채상환비율) 및 LTV(담보인정비율) 60%에서 40%로 축소, 재건축 초과이익 환수제 부활, 투기과열지구 내 재건축·재개발 조합원 지위 양도 및 입주권 전매 금지, 분양권 전매 시 양도소득세율 40%에서 50%로 확대, 서민 실수요자(부부 합산 연소득 7000만원 이하의 무주택자가 6억원 이하의 주택을 구입할 경우)에 대해서는 DTI 및 LTV 40%가 아닌 50% 적용, 민간택지(재개발·재건축) 분양가 상한제 재시행 등이 골자였다.

2) LTV(담보인정비율): 주택을 담보로 돈을 빌릴 때 인정되는 자산가치의 비율을 말하며 담보인정비율, 주택담보인정비율, 주택가격 대비 대출액 비율 등으로 불린다. 지난 2000년 9월 부동산 정책을 세우면서 도입하였고, 부동산 가격의 미시정책으로 활용되고 있다.

3) DTI(총부채상환비율) = 주택담보대출 원리금 상환액 + 기타 대출 이자 상환액 / 연간 소득

대출상환액이 소득의 일정 비율을 넘지 않도록 제한하기 위한 것으로, 2007년 투기지역 및 투기과열지구에서 주택담보대출을 받을 경우 DTI 규제를 적용하였다. 대출기간을 길게 할수록 DTI를 낮출 수 있으며, 소득을 적게 신고하는 경우나 상환능력은 있지만 현재 소득이 없는 은퇴자에게는 불리할 수 있다.

4) DSR(총부채원리금상환비율) = (주택담보대출 원리금 상환액 + 기타대출 원리금 상환액) / 연간 소득

주택담보대출 원리금 외에 신용대출 등 모든 대출 원리금을 포함한 총대출 상환액을 연간 소득으로 나눈 비율이다. 대출심사 지표로 주택담보대출 원리금 이외에 금융회사에서 받은 신용대출 등 대출정보의 원리금을 합산하여 계산하는 것이 DTI와 다른 점이다.

5) 모기지신용보험(MCI; Mortgage Credit Insurance)과 모기지신용보증(MCG; Mortgage Credit Guarantee)은 은행과 같은 금융회사가 주택담보부 금전소비대차 계약에 의한 대출을 실행하였을 경우, 채무자가 주계약에서 정한 채무를 이행하지 않아 금융회사가 입은 손해에 대해 보험가입액 범위 내에서 보상하는 신용보험의 일종이다. 주택담보대출 시 대출가능금액에서 최우선변제 소액임차보증금을 지역 및 주택유형에 따라 공제하는데 이 공제액을 차감하지 않고 최대 LTV까지 대출을 받을 수 있다. MCI는 주관사가 SGI서울보증보험이고, MCG는 주택금융공사가 주관사이다.

대출 상환의 정석,
"모든 대출금은 분할상환하라"

10

K 부부와는 십년지기다. K 부부는 결혼을 앞두고 전셋집을 구할 때 만남이 시작되어 현재까지 이어오고 있다.

어느 날, 예비 신부였던 K 씨가 '결혼을 앞두고 있는데 전셋집을 구하지 못했다'며 도움을 요청했다. 자연스럽게 예비 신랑과도 인사를 나눴고 여동생 시집보내는 마음으로 셋이서 함께 전셋집을 알아보기 시작했다. 당시에는 주택가격이 안정화되었던 때였기에 매매를 추천했으나 K 부부는 부모님 도움없이 자력으로 신혼집을 구하고 싶어했다. 모아 놓은 자금과 전세자금대출을 받아 전셋집을 구하길 원했다. 다행히 동원할 수 있는 자금 범위 내에서 전셋집을 찾아 계약할 수 있었다.

맞벌이였던 K 부부는 최소 생활비를 제외하고 악착같이 전세자금대출을 상환하기 시작했다. 매년 3~4천만 원 이상을 상환해 나갔다.

그 사이 아이도 태어났지만 K 부부의 대출 상환은 멈추지 않았다. K 부부는 새해가 시작될 때마다 대출상환 계획을 다시 세웠고, 매월 꼬박꼬박 대출을 상환해 나갔다. 성과급이나 상여금 등을 받으면 어김없이 대출금부터 상환했다.

2016년 설을 앞두고 K 부부가 휴가를 내고 근무하고 있는 지점에 찾아왔다. 당시 오랫동안 본사에 근무하다 지점 발령을 받은 나를 격려하기 위해 '작은 금액이지만 적금이라도 가입해 드리겠다'고 찾아온 것이었다.

K 부부와 이런 저런 얘기를 나누던 중 이사 이야기가 나왔다. 지방에 계신 어머니가 올라와 아이를 돌봐주고 있는데 주말에는 내려가시지만 주중에 편히 쉬실 수 있도록 어머니 방을 마련해 드리고 싶다고 했다. 아이의 짐도 늘어나 좀 더 큰 집으로 이사하고 싶은 속내를 내비쳤다.

K 부부에게 가용할 수 있는 자금을 확인했다. K 부부의 말을 듣고 놀라지 않을 수 없었다. 신혼집을 마련할 무렵 전세자금대출도 함께 알아봤기 때문에 대출을 얼마 받았는지 알고 있었는데 거의 상환한 상태였다. K 부부에게 진심어린 박수를 보냈다. 그리고 주택을 구입할 것을 권했다. 2016년 초에는 주택가격이 보합수준을 넘어 정체기라 할 정도로 움직임이 없었다. 자금 여력이 많지 않았던 K 부부가 선택할 수 있는 선택지가 많지는 않았지만 신용대출을 받아 부족한 부분을 채운다면 충분히 내 집을 마련할 수 있을 것 같았다.

그해 9월 K 부부는 내 집 마련에 성공한다. 살고 있던 전셋집에서 그리 멀리 않은 곳에 K 부부 명의로 된 아파트를 매입한 것이다. K 부부는 신용대출을 받아 중도금을 납부하고 전세

보증금과 주택자금대출을 받아 잔금을 치렀다.

K 부부는 이번에도 대출상환 플랜을 세우고 대출을 갚기 시작한다. 먼저 금리가 다소 높은 신용대출을 갚아 나갔고, 이와 함께 주택담보대출도 매월 분할상환했다. 생활비를 아껴 적금을 불입하였고 적금 만기가 되면 어김없이 대출금부터 상환했다. K 부부는 '대출금 상환의 정석' 대로 대출금을 상환해 나갔다.

2019년 여름, K 씨가 다시 찾아왔다. '대출금도 어느 정도 상환했으니 이제 자녀와 함께 평생 살 수 있는 곳으로 이사 가고 싶다'고 했다.

2017년부터 주택가격이 상승하기 시작했고 정부에서 수차례 부동산 안정화 대책을 내놓았지만 정부 대책이 무색할 정도로 주택가격이 가파르게 상승했기 때문에 K 씨에게 추천할 수 있는 지역이 한정적일 수밖에 없었다. K 부부가 구입한 아파트 매매가도 상승했지만 주변 아파트의 매매가 상승폭이 워낙 커서 추천할 수 있는 물건이 마땅치 않았다.

그러던 차에 평소 친분이 있는 중개업소에서 재개발지역에 소액 투자가 가능한 물건이 나왔다는 연락이 왔다. 잘 아는 지역이었기에 K 씨에게 급히 전화를 했다. 물건 내용을 설명하고 중개업소 사장님 연락처를 남겼다. 우선 해당 재개발지역을 둘러본 후에 함께 고민해 보자고 했다. K 씨는 점심도 거르고 중개업소 사장님을 만나 재개발지역과 주변 동네를 둘러봤고 설명을 들은 후 곧바로 가계약을 했다.

"물건에 대한 생각이 객관화되기 전에 계약을 하시면 후회할 수도 있을텐데요…."

K 씨에게 축하한다는 말을 먼저 해야 하는데 염려가 앞서 불쑥 걱정스러운 멘트를 던졌다.

대부분의 사람들이 어떤 부동산을 봤을 때 본인이 평소 생각하는 것과 일치할 경우 주관화의 함정에 빠진다. 객관화되기 위해서는 생각할 시간이 필요하다. K 씨에게는 함께 전셋집을 보고 현재 거주하고 있는 주택 매입 건을 상담하면서 객관화의 중요성을 수차례 강조한 바 있다.

"분명히 다시 한 번 생각해본 후에 결정하라고 하실 것 같아 저도 잠시 망설였어요. 그런데, 이번에도 추천해 주신 물건을 놓치고 싶지 않았어요. 언젠가는 재개발이 될 것이라는 확신이 들었고, 무엇보다 그 동네에 살고 싶었어요."

K 씨는 재개발지역 투자 목적이 명확했다. 자본적 이득을 취할 수 있는 곳보다는 가족과 평생 살고 싶은 지역을 선택한

것이다. K 부부는 주말에 시간이 나면 아이과 함께 재개발지역에 놀러 간다고 했다. 집이 지어지는 모습을 상상하는 것만으로도 행복하다고 했다.

열정 만큼이나 실행력도 남달랐던 K 부부의 선택은 옳았다. 다행히 재개발지역은 비교적 순조롭게 사업이 진행되고 있고 계획대로라면 올해 관리처분인가를 받을 수 있을 것이다. K 부부의 바람대로 5년 내에는 입주할 수 있을 것으로 보인다.

지금도 많은 사람들이 주택을 구입하기를 희망한다. 자기 자금을 가지고 주택을 구입할 수 있는 사람은 그리 많지 않을 것이다.

너무 과도한 대출은 독이 될 수 있겠지만 감당할 수 있는 부채는 자산이다. 대출을 너무 쉽게 생각하는 것은 문제지만 감당할 수 있는 범위라면 대출을 두려워할 필요가 없다. 대출을 받는 목적이 명확하고 상환계획을 구체적으로 세워 꾸준히 갚아 나간다면 대출이 자산이 될 수 있다는 것을 기억했으면 좋겠다.

K 부부의 경우 진정한 대출 상환의 정석이 무엇인지 보여준 대표적인 사례라 할 수 있다.

알면 답이 보인다…
나에게 맞는 대출상환 방식은?

11

대출의 종류 만큼이나 상환 방식도 다양하다. 일반적으로 많이 알려져 있는 방식은 만기일시상환과 분할상환이다.

만기일시상환의 경우 매월 이자만 납입하다가 대출 만기일에 원금을 일시에 상환하는 방식이다. 대체로 신용대출을 받을 때 적용되는 방식인데 한도를 약정해 놓고 필요할 때마다 사용하는 마이너스대출통장 자동대출도 만기일시상환 방식이다.

주택담보대출 등 장기로 대출을 받을 때 이용하는 분할상환 방식은 원금균등분할상환과 원리금균등분할상환 등이 비교적 많이 알려져 있다.

원금균등분할상환은 매월 동일한 원금을 상환하는 것을 원칙으로 한다.

원리금균등분할상환은 대출기일을 기준으로 원금과 이자를 합한 금액을 매월 균등하게 배분하여 상환하는 방식을 말한다.

대부분의 대출자들은 원금균등분할상환과 원리금균등분할상환 중 하나를 선택하라고 하면 어떤 방식을 선택해야할지 난감해 한다.

선택의 기준은 간단 명료하다. 뒤쪽의 '상환방식에 따른 대출금 상환액 조건표'에서 확인할 수 있듯이 장기 상환플랜을 세워 분할상환하는 경우 금리 및 기간 등이 동일 조건이라고 가정한다면 원금균등분할상환의 총 상환금액이 가장 적다. 원금균등분할상환의 경우 초회 납입금액이 크다보니 초기에는 상환금액이 부담스러울 수 있으나 매월 원금이 상환되기 때문에 만기에 가까울수록 상환부담이 줄어드는 장점이 있다.

원리금균등분할상환 방식은 대출 이자율의 변동이 없다고 가정했을 때 초회부터 최종회까지 동일한 금액을 상환할 수 있다. 따라서 상환계획을 세울 때 편리하다.

정리하자면, 경제적인 측면에서는 원금균등분할상환이 유리하지만 초기 상환금액이 많아 부담스러울 수 있으며, 원리금균등분할상환의 경우 매월 원금과 이자를 균등하게 분할하여 상환할 수 있고 초기 상환 금액과 최종 상환금액이 같아 계획적인 상환이 가능하다는 장점이 있다. 이러한 특징을 감안하여 본인에게 맞은 상환방법을 선택하면 된다.

은행에서 판매 중인 대출상품은 변동금리 상품도 있지만 만기까지 고정금리를 적용받는 상품도 있다. 다만 이런 대출상품은 금리가 상대적으로 높을 수 있다.

대상자가 한정되어 있기는 하나 한국주택금융공사나 주택도시보증공사HUG의 상품을 이용하는 것도 방법이다. 금리고정형 상품 등 다양한 상품이 있기 때문에 각자의 소득수준 및 조건에 맞는 상품을 선택하는 것이 바람직한 방법이다.

현재 은행에서 판매하고 있는 고정형 주택담보대출은 금리가 만기까지 고정되는 상품이 아니라 3년 고정이나 5년 고정 후 시장금리와 연동하는 혼합형 금리를 적용하는 상품이다. 대부분의 은행들은 3년이 경과할 경우 중도상환수수료를 면제하는 제도를 두고 있다. 물론 변동금리에서 혼합형금리로 갈아타는 경우에도 중도상환수수료를 면제하는 은행도 있지만 중도상환수수료가 면제되는 시점을 활용하는 것도 대출이자를 줄일 수 있는 방법이다.

예를 든다면 5년 고정 혼합형 대출상품을 선택했다 하더라도 3년이 경과되는 시점에서 대출금리가 현재 적용받고 있는 금리보다 하락했다면 재대출을 받는 방법을 고려해 봐야 한다.

무엇이 본인에게 유리한지 꼼꼼하게 따져봐야겠지만 담보평가수수료 등 대출실행 비용 등을 감안하더라도 대출을 갈아타는 것이 유리 할 수 있다. 단 LTV담보인정비율 등을 고려해야 한다. 최근에는 대출을 갈아탈 경우에도 강화된 LTV를 적용하기 때문이다.

상환방식에 따른 대출금 상환액 조견표: 대출기간 10년

(금액 단위: 원)

상환방식	대출금액	대출기간	적용금리	월 상환액	총 대출이자	총 상환금액
원금균등 분할상환	100,000,000	10년	3.00%	1,083,333(초회) 835,417(최종회)	15,125,000	115,125,000
원리금균등 분할상환				965,607	15,872,894	115,872,894
만기일시 상환				(이자납부액) 250,000	30,000,000	130,000,000

상환방식에 따른 대출금 상환액 조견표: 대출기간 20년

(금액 단위: 원)

상환방식	대출금액	대출기간	적용금리	월 상환액	총 대출이자	총 상환금액
원금균등 분할상환	100,000,000	20년	3.00%	666,667(초회) 417,708(최종회)	30,125,000	130,125,000
원리금균등 분할상환				554,598	33,103,423	133,103,423
만기일시 상환				(이자납부액) 250,000	60,000,000	160,000,000

TIP

마이너스대출(통장자동대출) 알고 씁시다.

마이너스대출은 거래 은행의 계좌를 이용해 한도를 약정하고, 약정 한도 내에서 수시로 빌려 쓸 수 있는 대출제도를 말한다. 은행마다 명칭은 다르지만 일반적으로 마이너스대출 또는 통장자동대출이라고 부른다.

마이너스대출을 이용하려면 일단 거래 은행과 약정을 맺어야 하며, 대부분 급여계좌 등을 마이너스대출 약정 계좌로 사용한다. 대출 한도 및 금리는 직업 및 연소득, 거래실적 등 해당 은행의 신용등급 기준에 따라 다르다.

마이너스대출의 장점은 통장에 잔고가 없어도 약정 한도 내에서 수시로 출금과 입금이 가능하다는 것이다.

마이너스대출은 입·출금이 자유롭기 때문에 자금이 일시적으로 필요한 경우 이용하는 것이 좋다. 일반적으로 마이너스대출은 상환 방식이 다른 일반 신용대출에 비해 금리는 0.5%p 정도 높은 편(은행마다 차이가 있음)이나 언제든지 상환이 가능하다는 특징 때문에 직장인이 선호하는 대출 종류다.

일시적으로 사용하는 것이 아니라면 마이너스대출보다 금리가 다소 낮은 일반신용대출(매월 이자만 상환하는 만기일시상환 방식이나 원금과 이자를 상환하는 분할상환 방식)을 이용하는 것이 금리 측면에서 유리하다.

마이너스대출을 이용하다 보면 대출이라는 사실을 망각하고 출금 가능한 통장 잔액이라고 생각해 지속적으로 이용할 수 있다. 마이너스대출의 함정이다. 마이너스대출의 함정에 빠지면 평생 대출의 노예가 될 수 있다는 것도 기억해 두자.

상여금 모아 오피스텔 사는 남자…
두 번째 월급은 임대 수익으로

12

부동산도 유행을 탄다. 2017년부터 주택가격이 천정부지로 치솟자 너도 나도 아파트 매입 열풍에 동참했다. 정부는 아파트 가격을 잡기 위해 「6.19 대책」을 시작으로 다양한 부동산 규제책을 내놨지만 한결같이 실패한다.

실패의 원인은 크게 세 가지로 정리된다. 첫째는 아파트 가격이 지속적으로 상승할 것이라는 사람들의 심리를 붙잡지 못했고, 둘째는 제대로 된 공급대책을 내놓지 못했다. 셋째는 대책을 발표할 때는 시의성이 중요한데 안타깝게도 한 템포씩 늦게 대책을 내놨다.

얼마 전에는 아파트 가격에 이어 다세대주택 등 일명 빌라로 통칭되는 공동주택가격도 덩달아 상승세를 탔다. 시장의 기류는 복잡하게 얽혀 있고 매도자나 매수자의 눈치 싸움도 여전히 치열한 현재진행형이다.

한때는 상가처럼 따박따박 월세 받는 수익형 부동산이 각광을 받던 시기도 있었다.[1] 지금은 언제 그랬냐는 듯이 잠잠해졌지만 제2의 월급인 오피스텔 하나쯤은 있어야 한다는 생각이 유행처럼 번지던 시절도 있었다.

일반적으로 수익형 부동산은 부동산 경기가 침체되면서 가격 하락과 거래부진으로 매매 차익을 얻기 힘들어질 때 인기가 상승하는 경향이 있다. 최근에는 아파트 등 공동주택가격이 급등하자 다들 자본적 이득을 취할 수 있는 주거용 부동산으로 눈길을 돌렸다. 예기치 못했던 팬데믹 상황과 맞물리면서 비대면이 일상의 트렌드가 되었고, 이로 인해 상가나 오피스텔의 공실이 급격하게 증가하였다. 팬데믹의 장기화로 자영업자들은 위기에 봉착했고 상가나 오피스텔 등 수익형 부동산의 인기도 시들해졌다.

이러한 때, 오피스텔의 가치에 눈을 떠 성공한 사례가 있다. 주택에 대한 규제가 강화되고 가격이 급등해 주택을 매입할 수 없게 된 1·2인 가구가 주거용 오피스텔에 눈을 돌렸고, 찬밥 신세였던 오피스텔이 다시 주목받기 시작했다.

김포에 거주하고 있는 40대 초반의 Y 씨는 자타가 인정하는 오피스텔 투자자다. 현재 보유 중인 오피스텔만 다섯 채나 된다. 40대 초반의 직장인이 거주 중인 주택을 제외하고 오피스텔을 다섯 채나 갖고 있다는 것은 흔치 않은 일이다.

Y 씨가 오피스텔에 투자하게 된 이유는 의외로 단순했다. Y 씨가 보유하고 있는 자금이 많지 않아 아파트 등에는 갭투자 Gap투자[2]를 할 수 없었다. Y 씨는 적은 금액으로 투자할 수 있는 부동산을 찾던 중 오피스텔을 발견했다.

오피스텔은 수익형 부동산으로 분류되기 때문에 대부분 월세를 받는데 Y 씨는 전세나 반전세로 돌렸다. 보증금에 상여금 등을 더해 자금 여유가 생길 때마다 오피스텔을 매입했고 현재 다섯 채의 오피스텔을 보유하고 있다. 발상의 전환을 통해 새로운 수익원을 발굴했고 오피스텔의 가치에 눈 뜬 것이다.

　Y 씨는 2018년 10월 용산구에 있는 오피스텔을 1억9천8백만 원에 분양받았다. 주택가격 상승의 여파로 주거용 오피스텔의 매매가와 전세가도 지속적으로 상승해 2020년 3월 분양가에 근접한 1억9천만 원에 전세 계약을 체결했다. 그 후 Y 씨는 용산구 소재 오피스텔 보증금과 상여금 등 가용자금으로 경기도 인근 오피스텔 3채를 추가 매입했고, 서울시 금천구에 15평형 오피스텔도 매입했다.

　Y 씨의 경우 매입 자금이 충분하지 않았기 때문에 일부 대출을 받아 월세를 놓을까도 고민했지만 전세가가 급상승하고 있던 시기여서 전세나 반전세 조건으로 오피스텔을 매입했다. 임대도 수월하게 되었고 매매가도 상승하고 있어서 직장 동료들 사이에서 Y 씨는 부러움의 대상이 되었다.

　얼마 전, Y 씨가 오피스텔 추가 매입에 대한 상담을 의뢰해왔다. 오피스텔 추가 매입도 좋지만 당분간 자금 여유를 갖는 것이 좋겠다고 조언했다. Y 씨의 경우 다섯 채의 오피스텔을 보유 중이기 때문에 향후 세입자가 임대보증금 반환을 요청할 경우를 대비해야 하기 때문이다. 물론 대출을 받아 임대보증금을 반환할 수도 있겠지만 임대 운영의 효율성을 위해 자금을 확보하는 것도 중요하게 생각했다.

5채의 오피스텔을 운영하다 보면 긴급하게 임대보증금 반환을 요청하는 세입자도 생길 수 있다. 따라서 무리한 투자보다는 안전한 투자가 좋겠다는 생각이 들었고, 주택 및 오피스텔 공급 과잉기도 대비해야 한다고 조언했다. Y 씨도 흔쾌히 동의했다.

Y 씨에게 좋은 일도 생겼다. 2020년 3월 매입한 금천구 소재 오피스텔이 서울시에서 추진하고 있는 '서울시 역세권 활성화 사업'에 선정된 것이다. 신안산선 신설 역세권2024년 준공 예정의 적극적 개발유도를 위해 서울시에서 역세권 활성화 사업 대상지로 검토하고 있다. Y 씨는 서울시 역세권 활성화 사업에 동의해야 하는지 문의해 왔고 나의 답변은 당연히 찬성이었다.

역세권 활성화사업이 순조롭게 진행된다면 용산구에 매입한 오피스텔이 그러했듯 금천구 소재 오피스텔도 Y 씨에게 효자 부동산이 될 수 있을 것이다.

투자의 방법은 매우 다양하고, 정답도 없다. 부동산 투자도 예외는 아니다. 자금 여유가 없어 투자가 불가능하다고 안주하고 있었다면 아무 것도 얻을 수 없지만 Y 씨처럼 가지고 있는 자금을 활용해 새로운 수익을 창출하는 이들도 있다. 남들이 아파트만을 바라보고 있을 때 Y 씨는 오피스텔에 눈을 돌렸고 무리한 투자보다는 소신 있는 투자를 통해 안정적인 수익을 창출할 수 있었다.

Y 씨의 경우도 처음 시작은 소박했다. Y 씨 이름으로 된 오피스텔을 한 채 갖고 싶었고, 저축해 놓은 예금과 적금을 해약하고 상여금 등을 모아 용산 소재 오피스텔을 분양 받았다. 용산 오피스텔이 디딤돌이 되어 이제는 '상여금으로 오피스텔 사는 남자'로 소문이 나 있다.

Y 씨는 추가로 오피스텔을 매입할 수도 있었지만 임차인을 힘들게 하는 임대인은 되지 않겠다는 소신을 지키기 위해 매입을 포기했다. 시작은 소박했지만 차근차근 꿈을 이뤄가고 있는 Y 씨. 그는 임차인과 함께하며 '오피스텔 세주는 남자'로 성장하고 있다.

---

1) 수익형 부동산은 상가나 오피스텔처럼 부동산을 통해 고정수익을 창출하는 부동산을 말한다. 구입과 처분으로 인한 매매차익 보다는 해당 부동산을 임대하거나 운영해 고정수익을 얻는 것을 목적으로 한다.

2) 전세가와 매매가의 차이가 적은 주택을 매입한 후, 매매가가 상승해서 얻는 시세 차익을 목적으로 하는 투자이다.

TIP

「임대수익형 부동산」의 특징 비교

구 분	개 요	참고사항	건축 법상 용도	세대 제한	주택 임대 사업
도시형 생활 주택	− 주택건설기준 등에 관한 규정 적용 제외 (소음방지대책 수립 등) 또는 완화(주차장) − 발코니 확장 가능 − 분양가 상한제 적용 제외	− 아파트, 다세대, 연립, 오피스텔에 비해 주거환경 미흡 − 발코니 확장으로 오피스텔보다 ㎡당 단가와 전용률이 높음 − 오피스텔보다 취득세는 낮음	공동 주택	300 세대 미만	가능
다중 주택	− 다수인이 장기간 거주할 수 있는 구조로 독립된 주거의 형태를 갖추지 아니한 것 − 각 실별 취사시설을 설치할 수 없음	− 각 실별 취사시설을 갖추어 원룸형으로 임대하는 경우, 위반 건축물로 등재될 우려	단독 주택 (다중 주택)	−	가능
다가구 주택	− 주택으로 쓰는 층수 3개층 이하(지하층 제외) − 1개동의 주택으로 쓰이는 바닥면적의 합계 660㎡ 이하 − 대지 내 동별 세대수 19가구 이하	− 대장상 용도가 다가구용 단독주택인 경우, 다가구 주택에 해당	단독 주택 (다가구 주택)	19 가구 이하	가능

구 분	개 요	참고사항	건축법상 용도	세대 제한	주택 임대 사업
고시원 (다중 생활 시설)	– 구획된 실(室) 안에 학습자가 공부할 수 있는 시설을 갖추고 숙박 또는 숙식을 제공하는 형태 – 각 실별 취사시설은 설치할 수 없음	– 건축조례로 실별 최소 면적, 창문 설치 및 크기 등을 별도로 정함 – 각 실별 취사시설 갖춘 경우 위반건축물로 등재될 우려	근린 생활 시설 (500㎡ 미만) 숙박 시설 (500㎡ 이상)	–	불가
오피 스텔	– 업무를 주로 하며 분양/임대하는 구획 중 일부에서 숙식을 할 수 있도록 한 건축물 – 85㎡ 이하로 전용 숙식기능을 갖춘 경우 임대사업자 등록 가능	– 도시형 생활주택 대비 주차, 편의시설 유리하나 전용률 낮음 – 발코니를 둘 수 없음 – 숙박업 운용 불가	업무 시설	–	가능
(가칭) 섹션 오피스	– 일반 건물(업무 시설)을 작은 면적의 개별 호로 나눈 후 분양하는 집합건물 – 오피스텔에서 숙식기능(화장실, 주방, 세탁, 바닥난방 등)을 제거한 형태	– 인근 업무시설, 상가보다 분양단가 높음 – 위치, 소규모 사무실의 수요 등에 따라 가격과 공실률의 변동폭이 큼	업무 시설	–	불가

구 분	개 요	참고사항	건축 법상 용도	세대 제한	주택 임대 사업

생활
숙박시설
	– 손님이 잠을 자고
	  머물 수 있도록
	  취사시설 및 설비
	  등의 서비스를
	  제공하는 곳
	– 일반숙박업과의
	  차이는 취사시설
	  유무임
		– 숙박시설이
		  아닌
		  주거용(원룸)
		  임대를
		  목적으로
		  분양하는
		  경우가 있으나
		  주거용으로
		  사용할 경우,
		  위반건축물로
		  등재 및 단속
		  대상이 될 수
		  있음
			숙박
			시설
			(생활)
				–	불가

※ 주택임대사업 : '민간임대주택에 관한 특별법'에 의거 민간임대주택(주택 및 전용면적 85㎡ 이하로 전용 입식 부억, 전용 수세식 화장실, 목욕시설을 갖춘 오피스텔)을 취득하여 임대사업 목적으로 등록함을 의미.

※ 자료 발췌 및 정리 : KB국민은행 리브부동산

TIP

역세권 활성화 사업이란 무엇일까요?

Y 씨가 금천구에 매입했던 오피스텔처럼 역세권 활성화 사업이 진행되는 곳이 있다. 역세권 활성화 사업은 많이 알려져 있지 않은 도시정비형 재개발사업이다. 사업진행절차는 다음과 같다.

---

1. 역세권 활성화 사업의 정의

: 용도지역 상향을 통한 역세권 복합개발을 통해 역세권을 대중교통 및 시민활동의 중심으로 활성화하면서 공공임대시설(주택, 상가) 등 지역 필요시설을 건립하기 위한 사업이다(2019.06.20, 서울특별시 행정2부시장 방침).

※ 용도지역 상향(최대 3단계) =〉용적률 증가

=〉[증가용적률 1/2] 공공 필요시설 확충

=〉[증가용적률 1/2] 민간 분양(주거 등)

2. 추진 절차(도시정비형 재개발사업)

=〉주민설명회 개최(구, SH)

=〉역세권 활성화 사업 추진 사전의향서 징구(SH 참여)

　　※ 50% 이상 찬성, 25% 미만 반대

=〉정비계획(안) 수립

　　※ 도시건축혁신사업을 통한 정비계획(안) 수립(시 · 구 · 주
　　민 · SH)

=〉정비계획 입안제안(토지 등 소유자)

=〉정비계획 결정 및 정비구역 지정 고시

=〉사업시행자 지정(SH 단독 & 공동)

=〉사업시행계획 인가

=> 관리처분계획 인가

=> 공사 착공

3. 추진 방식(도시정비형 재개발 사업)

=> SH가 공동 또는 단독(공공시행자)으로 참여하는 도시정비형 재개발사업

=> 사업시행주체

: 조합+토지 등 소유자(20인 이하)+주민대표회의+서울주택도시공사(SH)

내 집에
산다는 것

PART

2

대체할 수 있는 부동산이 없다면…
매도를 다시 생각하라

13

"지금 집을 매도해야 할까요?"

'지금 사야 할까요?' 만큼이나 많이 받은 질문이다. 매입 시기를 예측할 수 없듯이 매도 시기도 예측할 수 없다.

주택 등 부동산 시장을 움직이는 요인은 다양하다. 최근에는 정부 정책이 시장에 미치는 영향이 가장 큰 편이었지만 수요와 공급, 유동성, 금리, 부동산 세제, 대출규제, 청약제도의 변화, 대내·외 환경, 심리적인 요인까지 변수는 매우 다양한 편이다.

부동산不動産[1]은 말 그대로 움직이지 않는 것이지만 살아있는 유기체처럼 향방을 알기 어렵다. 따라서 적절한 매수 타이밍과 매도 타이밍을 예측하기란 그만큼 쉽지 않다.

주식시장에 참여하는 개인 투자자의 경우에는 소액 투자도 가능하고 상황에 따라 손절매도 가능하다. 그러나 부동산 시장은 주식시장과는 달리 대부분 전 재산이 투입되고 여기에 대출까지 더해진다. 부동산에 따라 다르겠지만 거래 금액이 수십억원에 달하는 경우도 있다. 이러한 까닭에 매수 타이밍과 매도 타이밍은 매우 중요하지만 거래에 영향을 미치는 요인의 다양성 때문에 그만큼 타이밍 잡기도 어렵다.

우리에게 주택은 거주를 위해 꼭 필요한 자산이면서도 투자 가치도 높은 재테크 수단이다. 개개인의 상황에 따라 다르겠지만 보유하고 있는 자산의 가치로 볼 때 주택은 한 사람 또는 한 가정의 전 재산이 될 수도 있다. 그만큼 매도하거나 매입할 때 신중을 기할 수밖에 없다. 판단 결과에 따라 자산 가치가 상승할 수도 있고 하락할 수도 있기 때문이다.

나의 매도 타이밍이 상대에게는 매입 타이밍이 된다. 어떤 이는 평생 웃고 살 수 있고, 어떤 이는 평생 후회하며 살 수도 있다.

L 씨 부부는 맞벌이 10년차다. 결혼 후 아이가 태어나자 자녀의 육아를 위해 부모님과 같은 단지의 아파트를 매입해 이사했다. 평소 자녀 교육에 관심이 많은 편이었는데 아이의 취학기가 다가오자 현재 거주하고 있는 곳보다 교육환경이 좋은 곳으로 이사하기를 원했다. 상담 당시 구로구 신도림동에 거주하고 있었으므로 거주지와 가까운 양천구 목동도 검토 대상이었지만 조금 욕심을 내서 강남으로 이사하기로 결정했다.

L 씨 부부의 첫 번째 고민은 현재 거주 중인 아파트에 관한 것이었다. 매도를 해야할지 전세를 줘야할지 판단이 서지 않는다고 했다. 두 번째는 강남 3구 소재 아파트 매입에 관한 것이었다. 강남 핵심지역은 아니지만 대출을 받아 교육환경이 비교적 나은 곳으로 이사해야할지, 강남의 핵심지역으로 가야할지

고민이 깊다고 했다. 강남 핵심지역으로 이사할 경우 대출을 받는다 해도 자금이 부족해 바로 매입할 수 없기 때문에 일정 기간 전세로 살다가 가격 조정기가 오면 매입하겠다고 했다.

L 씨 부부의 상황이라면 누구나 고민이 깊어질 수밖에 없을 것이다. 저마다 처한 상황은 다르겠지만 많은 사람들이 L 씨 부부처럼 주택 매입과 매도를 놓고 고민한다. 주택을 매입하거나 매도할 경우에는 원칙을 세우는 것이 무엇보다 중요한데, 매입이나 매도의 목적이 명확해야 한다. 그래야만 목적에 맞게 결정할 수 있다. 당연히 자금계획도 세워야한다. 하나씩 정해 나가다 보면 복잡했던 머릿속이 정리되면서 판단의 기준이 생긴다.

부동산 컨설팅을 할 때 나만의 원칙이 있다. 첫째는 거주 목적으로 주택을 매입하는 것이라면 급격한 하락기가 아닌 이상 매입을 추천하는 것이고, 둘째는 대체재[2]가 없다면 현재 보유 중인 부동산을 매도하지 말라고 권한다. 앞서 언급한 것처럼 가격에 영향을 미치는 요인은 다양하므로 부동산 시세를 예측하기 어렵고 과거 상담사례에서 매도 후 새로운 부동산을 매입하지 못한 대다수의 사람들이 후회하는 것을 수없이 봐왔기 때문이다.

당연히 L 씨 부부에게도 주택 매도 후 곧바로 매입할 것을 추천했다. L 씨 부부는 이왕 이사하는 것이라면 강남 핵심지역으로 가고 싶은데 강남 핵심지역으로 가기에는 자금이 부족하다고 했다. L 씨 부부의 자금 상황을 고려하여 강남 핵심지역은 아니지만 강남 3구에 위치해 있으면서 교육 환경이 양호한 아파트의 매입을 추천했다.

L 씨 부부는 깊은 고민에 빠졌다. L 씨 부부의 최종 결정은 신도림동 D 아파트를 매도하고 강남에서 전세로 살다 적정 타이밍에 강남 소재 아파트를 매입하는 것이었다.

이미 마음을 굳힌 L 씨 부부의 선택을 되돌릴 수는 없었다. L 씨 부부가 이사를 고민하던 2019년 봄은 주택가격이 급등한 직후였고, 부부는 주택가격이 정점에 도달해 추가 상승에는 한계가 있다고 내다봤다. 적정 매도 타이밍이라고 생각한 것이다.

많은 사람들이 주택가격이 어느 정도 상승하면 매도를 고민한다. L 씨 부부의 경우도 주택가격이 상승했으니 매도 후 수익을 실현하려는 생각과 자녀 교육을 위해 강남권역으로 이사가려는 목적이 맞물려 있었다.

안타까웠지만 L 씨 부부에게 전세로 살더라도 전세 만기에 연연하지 말고 기회가 되면 인근 아파트 단지나, 자금이 부족하면 강남권역에 소재한 아파트를 매입해야 한다고 당부하고 상담을 마무리했다.

L 씨 부부가 매도한 아파트 매매가 추이

(금액 단위: 천원)

구분	소재지	면적(㎡) 전용(㎡)	매입 시기 매입 가격	매도 시기 매도 가격	현재 시세 (실거래가)	시세 차이
신도림 D 아파트	구로구 신도림동	80.68 59.97	2014.11. 370,000	2019.06. 675,000 ※ 양도차익 =) 305,000	2021.02. 1,050,000	매도 시점 대비 상승가 =) 375,000 현재까지 보유 시 차익 =) 680,000 ※ 2019.06. 매도가 상회

※ 사례자의 입장을 고려하여 아파트명을 비공개함(KB국민은행 리브부동산 자료 참조)

L 씨 부부는 2014년 11월 구로구 신도림동에 위치한 D 아파트59.00㎡를 3억7천만 원에 매입했다. 모아 놓은 자금 1억1천만 원에 신용대출을 4천만 원 받았고, 나머지 2억2천만 원은 주택담보대출을 받았다.

L 씨 부부는 2019년 6월 신도림 D 아파트를 6억7천5백만 원에 매도한다. 이후 주택가격은 폭등했고 최근 실거래가가 10억5천만 원을 넘어섰다.

L 씨 부부가 거주 중인 아파트의 전세가 및 매매가

(금액 단위: 천원)

구분	소재지	면적(㎡) 전용(㎡)	입주 시 전세가	현재 전세가	입주 시 매매실거래가	현재 매매실거래가
역삼동 P 아파트	강남구 역삼동	79.41 59.88	2019.06. 685,000	2021.04. 1,350,000 2019.06. 대비 =) 665,000 상승	2019.06.04. 1,380,000	2021.02. 2,030,000 2019.06. 대비 =) 650,000 상승

※ 사례자의 입장을 고려하여 아파트명을 비공개함(KB국민은행 리브부동산 자료 참조)

강남 아파트의 상승폭은 더 컸다. 신도림 소재 아파트 매도 대금으로 전세 입주한 강남 소재 P 아파트는 당시 13억8천만 원59.00㎡이었던 아파트의 실거래가가 현재 20억3천만 원으로 급등했다.

L 씨 부부의 경우 강남권역으로 이사를 고려했다면 강남 핵심지역에서 벗어난 지역을 선택했어야 했다. 주택담보대출과 신용대출을 무리하게 받아 거주 중인 아파트를 매입했다면 그 것 또한 힘든 상황을 초래했을 것이다.

8억 원에 육박하는 부채는 L 씨 부부가 감당하기에 너무 버거운 금액이다.

L 씨 부부가 가장 안타까워하고 있는 것은 신도림에 있는 D 아파트를 매도한 것이다. 신도림 D 아파트를 갖고 있었더라면 상대적인 박탈감이 덜했을 것이다. 현재 신도림 D 아파트는

매도 시점 대비 4억 원 가까이 상승했다. L 씨 부부는 정부의 부동산 대책을 굳게 믿었다. 주택가격을 안정화시키기 위한 다양한 대책들이 연이어 쏟아져 나왔기 때문에 조정기에 접어들 것이라고 내다봤다.

얼마 전 만난 L 씨 부부는 시곗바늘을 돌려 2019년 봄으로 되돌아가고 싶다고 했다. 엎친 데 덮친 격으로 전세 만기가 다가오고 있는데 재연장할 수 없다는 통보까지 받았다.

살고 있는 집의 전세가가 큰 폭으로 상승했기 때문에 대출을 받아 전세보증금을 올려주고라도 살려고 했는데 전세 만기 연장도 불가한 상황이다. 임대인이 들어와 살겠다고 연락이 온 것이다. 이래저래 진퇴양난인 L 씨 부부는 전세 난민이 될 지경에 이르렀다며 깊은 한숨을 내쉬었다.

"지금 집을 매도해야 할까요?"

아직도 많은 사람들이 이 질문을 던진다. 경제적인 논리로 본다면 끝없는 우상향은 없다. 부동산도 예외는 아니다. 상승기가 있으면 당연히 하락기도 오는 법이다.

지금은 망각하고 있지만 과거 하우스푸어[3] 시절에는 집을 매도하고 싶어도 살 사람이 없었다. 대출이자를 감당하기에도 버거운데 주택가격은 끝없이 곤두박질 쳤다. 불과 10년 전의 일이다. 항상 보유하는 것이 정답은 아닐 수도 있다는 말이다. 그러나 지금은 하우스푸어를 양산했던 시기와는 다르다. 과거 몇 번의 학습 효과로 내성도 생겼다.

그래서 말씀드린다.

"대체재가 없다면… 매도를 다시 한 번 고민하시라!"
"이미 매도했다면… 대안을 찾기 위해 애쓰시라!"

1) 부동산의 정의는 토지 및 그 정착물이다. 물건(物件)인 유체물(有體物) 및 전기(電氣), 기타 관리할 수 있는 자연력(민법 제98조) 중에서 토지 및 그 정착물은 부동산이고, 부동산 이외의 부동산은 동산이다(민법 제99조).

   우리나라에서 '부동산'이란 용어가 처음 사용된 것은 1912년 3월에 공포된 「조선부동산증명령」과 동 시행규칙, 「부동산등기령」과 동 시행규칙이다. 그 이전에는 '토지와 가옥'이라는 용어가 일반적으로 사용되다가, 1906년 10월 「토지·가옥증명규칙」과 같은 해 12월 「토지·가옥전당규칙」 등에서 처음으로 공식화 되었다. 그 뒤 경술국치를 계기로 일본인들이 제정한 법과 규칙에서 '부동산'이라는 용어가 널리 사용되면서 점차 우리나라에 정착되기 시작하였다(한국민족문화대백과, 네이버 지식백과에서 발췌).

2) 부동산 이론 중에 '연관재와의 가격과 수요의 변화'가 있다. 여기에서 언급한 대체재는 부동산 이론에서 이야기하는 대체재가 아니다. 쉽고 간단하게 정리하면 어떤 부동산을 매도한 후 매입하고자 하는 부동산을 말한다.

   [부동산 이론 중 연관재와의 가격과 수요의 변화]
   − 대체재(Substitutes): 한 재화의 가격이 상승(하락)함에 따라 다른 한 재화의 수요가 증가(감소)하는 경우를 대체재라고 한다(예: 커피와 녹차, 콜라와 사이다, 소고기와 돼지고기 등). 커피와 녹차의 경우, 커피 가격이 상승하면 녹차 가격이 상대적으로 하락하여 녹차 수요가 증가하게 된다.
   − 보완재(Complements): 한 재화의 가격이 상승(하락)함에 따라 다른 한 재화의 수요가 감소(증가)하는 경우를 보완재라고 한다(예: 커피와 프림, 안경테와 안경알, 자동차와 휘발유 등). 커피와 프림의 경우, 커피의 가격이 상승하면 커피의 수요량이 감소하므로 프림의 수요량도 감소하게 된다.
   ※ 자료 발췌 및 정리: 박문각 부동산교육연구소, 2021., 「부동산학 개론」, 박문각 출판, P.93.

3) 하우스 푸어([House Poor)는 '집을 가진 가난한 사람'을 뜻하는 용어로, 일을 해도 빈곤에서 벗어날 수 없는 워킹푸어(working poor, 근로빈곤층)에서 파생된 말이다. 주택을 소유하고 있지만 무리하게 대출을 받아 주택을 구입하면서 대출원리금 부담 등으로 어려움을 겪는 사람들을 일컫는다. 하우스 푸어는 부동산 시장 상승기에 주택가격이 지속적으로 오를 것이라는 기대감으로 무리하게 대출을 받아 주택을 구입했다가 대출금리 인상, 주택가격 하락, 주택거래 감소 등의 현상으로 어려움을 겪었다. 금융위기 이후 부동산 시장이 침체기에 접어들었던 2010년에는 국내 하우스 푸어가 약 198만 가구로 추정되면서 사회문제로 부각되기도 했었다.

어느 부부의 눈물,
누가 그 눈물을 닦아주랴

14

2020년 12월, 통계청이 금융감독원 및 한국은행과 공동 발표한 '가계금융복지조사'[1])에 따르면 전체 가구의 평균 자산은 4억4543만 원이다. 이 중 금융자산이 1억504만 원이고, 실물자산이 3억4039만 원이다. 실물자산 중 부동산 자산이 3억1962만 원으로 76.4%에 이른다. 전체 자산 중 부동산 자산이 차지하는 비중도 71.8%로 우리나라 가구가 보유한 자산 중 3분의 2 이상이 부동산에 편중되어 있다고 볼 수 있다.

자산 유형별 가구당 보유액, 구성비

(단위: 만원, %)

| | | 자산 | 금융자산 | 실물자산 | | | | |
					구성비	부동산	거주주택	기타
전체		44,543	10,504	34,039	76.4	31,962	18,945	2,076
가구주연령대별	39세이하	31,849	10,997	20,853	65.5	18,812	12,782	2,041
	29세이하	10,720	6,450	4,270	39.8	3,555	1,905	715
	30~39세	35,467	11,775	23,692	66.8	21,425	14,644	2,268
	40~49세	48,686	12,635	36,051	74.0	33,421	21,210	2,630
	50~59세	50,903	12,694	38,209	75.1	35,681	19,822	2,527
	60세이상	42,701	7,840	34,861	81.6	33,350	19,261	1,511

※ 통계청·금융감독원·한국은행 공동 조사, '2020 가계금융복지조사 결과' 보도자료

　　이러한 상황에서 KB국민은행이 발표한 '월간 KB주택가격동향' 시계열 자료에 따르면, 전국 상위 20%를 나타내는 5분위

주택가격_{고가주택과 저가주택의 가격 차이를 나타내는 5분위 배율}이 처음으로 평균 10억 원을 돌파했다. 전국 5분위 주택가격은 2017년 2월 6억 원을 넘긴 이래 지속적으로 상승하고 있다. 2018년 9월 7억 원을 넘긴 후, 2020년 1월에는 8억 원을 넘어섰고 8월에는 9억 원을, 5개월 후인 2021년 1월에는 10억 원을 돌파했다.

1년 사이에 2억 원 이상 오를 정도로 상승속도가 가팔랐다. 서울로 한정하면 '억' 소리가 무색할 정도다. 2020년 12월 기준 서울의 5분위 주택 평균가격은 20억 원이 넘는다.

'2020 가계금융복지조사 결과'에서도 알 수 있듯 우리나라 가구의 경우 대부분의 자산이 부동산에 편중되어 있다. 이러한 까닭에 단기간에 큰 폭으로 상승한 주택가격의 격차는 해소 불가능한 상황에 이르렀고, 이슈화 되면서 소득 격차 문제와 함께 사회문제로 대두되고 있다. 그나마 집이 있는 사람들은 나은 편이지만 집 없는 사람들의 시름은 나날이 깊어가고 있다.

내 집 마련을 위해 아무리 근검절약하고 저축해도 상승하고 있는 주택가격을 따라잡기에는 역부족이다. 특히 30~40대의 경우 좌절감을 넘어 극단의 스트레스와 함께 가정불화의 원인이 되기도 한다.

청약제도가 개선되고는 있지만 큰 틀에서 보면 청약가점[2]이 가장 중요한데 무주택기간 및 부양가족수 등을 감안할 때 30

대와 40대 초반의 경우 청약가점이 낮아 주택청약에 당첨되기 어렵고, 기존 주택을 매입하기에는 주택가격 상승폭이 너무 커서 엄두를 낼 수 없는 지경에 이르렀다. 서울 및 수도권의 경우 이러한 현상이 더욱 심화되고 있는 상황이다.

프롤로그에 등장한 30대 중반을 넘긴 한 직장인의 이야기다. 그의 아내는 어떻게든 내 집을 마련하자고 했단다. 그는 아이가 자라기 시작해 양육비가 늘어나고 있고 전세자금대출도 상환하지 못한 상태에서 추가 대출을 받아 집을 사는 것이 두려워 주택 매입을 반대했다고 한다. 그를 안심시킨 것은 주택가격 상승을 억제하기 위한 정부의 다양한 정책이었다. 정부가 나서서 주택가격을 안정화하겠다고 공언했기에 이를 믿고 주택가격 상승이 멈추기만을 기다렸다.

정책이 발표 될 때마다 주택가격이 안정화 되는 것처럼 보였다. 그러나 일시적인 숨고르기가 끝나면 어김없이 널뛰기 하듯 상승폭이 커졌다. 아파트 매매가가 한 달에 3천만 원 이상 상승하는 것은 우스운 일이었다. 때에 따라서는 일주일 사이에 호가가 5천만 원 이상 상승하는 경우도 있었다. '이러다간 평생 집을 살 수 없겠다'는 생각이 들어 집을 매입하기로 마음먹고 아내와 함께 아파트 단지를 둘러본 후 자금계획을 세우고 있는 사이, 보고 왔던 집이 매도되는 경우도 다반사였다.

그럴 때마다 느꼈던 상실감은 이루 말할 수 없이 컸고 그 날은 어김없이 아내와 말다툼을 했다.

며칠 전, 친구 모임에 참석했던 그는 모임 중간에 자리에서 일어났다고 한다. 친구들에게는 갑자기 아이가 아프다는 아내의 메시지를 받았다고 대충 둘러댔지만 사실은 마음이 편치 않았다. 직장에서도, 친구들을 만날 때도, 대화의 주제는 집값과 주식시장이었다. '영끌해서 산 집값이 10억 원을 훌쩍 넘겼다', '이번에 어떤 주식을 샀는데 얼마가 상승했다', '주식으로 얼마를 벌었다'라는 직장 동료나 친구들의 이야기를 들을 때마다 마음이 너무 무거워 모임을 피하는 횟수가 점점 늘었다고 했다. 그들은 한참 전에 출발해서 저만큼 달리고 있는데 자신은 아직 출발도 하지 못하고 출발선에 머문 채 주위만 두리번거리고 있는 것 같아 자책감이 든다고 했다.

언론에서 이슈화 되고 있는 것처럼 패닉바잉족이 되지 않기 위해 이성적으로 판단하고 결정하려고 했지만 그에게 남은 것은 상실감과 상대적인 박탈감, 최근 들어 부쩍 잦아진 아내와의 말다툼 이외에는 남는 것이 없었다. 그가 살고 있는 아파트 가격은 수억 원 상승했고 덩달아 전세가격도 천정부지로 치솟았다. '이제 어찌해야 되냐?'고 눈시울을 붉히는 그에게 해줄 수 있는 말이 없어 안타까웠다.

얼마 전 만난 J 씨의 경우도 위 사례자와 별반 다를 게 없었다. 맞벌이를 하고 있는 J 씨 부부의 경우 대한민국 국민이라면 다들 부러워하는 번듯한 직장에 다니고 있다. 두 사람 다 성실함 그 자체라 할 정도로 열심히 살아가고 있다. 그런 J 씨 부부에게 가장 큰 고민은 주택 문제이다.

지금이라도 주택을 매입해야 할지, 조정기가 올 때까지 기다려야 할지, 청약을 넣어야 할지 고민이 깊었다. 주택을 매입하자니 '가격이 너무 상승해서 상투에서 매입하는 것 아닌가' 하는 걱정이 앞서고, 조정기가 올 때까지 기다리자니 '그 때가 올까' 싶을 정도로 상승세가 지속되고 있다. 그렇다고 청약을 넣자니 청약가점이 턱없이 부족하고… 어찌해야 할지 도무지 갈피를 잡을 수 없다고 한탄했다.

J 씨의 아내는 4년 전 현재 살고 있는 집을 매입하자고 했다. 광화문 도심과 여의도가 직장인 부부의 출퇴근 거리를 고려할 때 직주근접인 점이 마음에 들었고, 2014년 9월에 입주를 시작한 신축아파트로 4천여 세대에 이르는 대단지 아파트의 프리미엄을 누릴 수 있는 것도 매매를 적극적으로 생각한 이유 중 하나였다.

교육 인프라가 부족한 점이 마음에 걸렸지만 역세권 주변으로 대단지 신축 아파트가 들어선 이후 학원 및 병원 등 편의

시설이 증가하고 있었기 때문에 교육 환경도 점차 개선되고 있었다.

문제는 J 씨였다. J 씨 부부가 전셋집을 알아보기 시작한 시기가 공교롭게도 2017년 「6·19 부동산 대책」에 이어 「8·2 부동산 대책」이 나온 직후였다. J 씨도 정부의 정책 방향대로 집값이 잡히고 안정화에 접어들 것으로 내다봤고, 2년 정도 전세를 살다 조정기가 오면 그때 주택을 매입하자고 아내를 설득했다. 이후 그가 살고 있는 아파트는 강북을 대표하는 랜드마크 단지가 되어 아파트 시세를 선도하고 있다.

J 씨에게 다시 기회가 찾아온다. 2019년 여름, 임대인에게서 연락이 왔다. J 씨가 거주하고 있는 아파트를 매도하고 싶으니 매도에 협조해달라는 것이었다. 계속 거주하고 싶었던 J 씨는 다시 한 번 아파트 매입을 검토했지만 매매가가 최고점이라는 생각이 들어 선뜻 결정할 수 없었다.

J 씨가 고민하는 사이 전셋집은 매도되었고, 전세 만기시점인 그해 11월 전세보증금을 7천만 원 올려주고 6억5천만 원에 새로운 집주인과 임대차계약을 체결했다. 임대차 3법 도입으로 계약갱신청구권을 행사할 수 있게 되어 그나마 다행이지만 아내 볼 면목도 없고, 앞으로 어찌해야할지 막막하다며 깊은 한숨을 내쉬었다.

J 씨가 매매를 고려할 때인 2019년 여름, 집 주인이 내놓은 매매가는 10억대 중반이었다. J 씨의 경우 전세보증금이 5억8천만 원이었고 모아 놓은 자금이 있었기 때문에 대출을 일부 받아 매입할 수 있었다. 동원할 수 있는 자금을 감안할 때 자금 여건도 충분히 되었고, 매입 목적도 명확했기 때문에 거주 중인 마포R&P 아파트의 매입을 적극 추천했었다.

그 당시 매매가 추이를 보면 매매가가 지속적으로 상승하고 있었다. J 씨의 생각처럼 매매가 추이만을 놓고 보면 고점이라고 예측하는 사람들의 말이 맞을 수도 있었지만 주택 공급이 단시간에 이뤄질 수 있는 것이 아니기 때문에 조정기가 오더라도 시간이 걸릴 것이고, 하락 추이도 완만할 것이라고 생각했다.

J 씨 부부가 현재 거주 중인 아파트의 전세가 및 매매가

(금액 단위: 천원)

구분	소재지	면적(㎡) 전용(㎡)	입주 시 전세가	현재 전세가	전세 입주 시 매매실거래가	현재 매매실거래가
마포 R&P 아파트	마포구 아현동	80.19 59.92	2017.11. 580,000	2021.02. KB시세 평균 825,000 2017.11. 대비 => 245,000 상승	2017.11.21. 770,000	2021.02. 1,500,000 2017.11. 대비 => 730,000 상승

※ 마포R&P 아파트는 2014년 9월 입주한 51개동 3,885세대의 대단지로 현재 강북지역 랜드마크로 부상함.

앞선 사례자와 J 씨는 청약을 준비 중이다. 다행히 「2 · 4 부동산대책」이 나오면서 J 씨와 같은 사람들에게 내 집 마련의 기회가 넓어질 것으로 보여진다. 두 사람 모두 지금은 청약을 공부하고 있다.

청약도 전략이 필요하다. 청약하고자 하는 지역의 입지, 동원할 수 있는 자금과 청약 목적 등을 종합적으로 고려하여 전략적으로 접근해야 당첨 확률을 높일 수 있다.

앞선 사례자의 경우 청약을 준비하면서 동시에 대출 등 본인이 동원할 수 있는 자금 범위 내에서 단독주택을 매입하여 리모델링하거나 신축하기 위해 부지런히 발품을 팔고 있다.

처음에는 아파트만을 고집했었는데 지금 가진 자산으로는 아파트 매입은 어려울 것 같아 단독주택을 리모델링하거나 작은 땅을 매입하여 신축하는 방법도 고민 중이라고 했다.

집에 대한 생각 즉, 발상의 전환을 한 것이다. 최근 TV 등에서 집에 대한 다양한 해석을 다룬 프로그램 등이 방송 되면서 '집=돈'이라는 관념에서 점차 해방되고 있는 사람들이 많아지는 듯하여 다행이라는 생각이 든다.

최근에는 모 지역의 단독주택을 보고 왔는데 아내와 마음이 맞지 않아 속상했다며 하소연했지만 마음이 한결 가벼워 보였다. 아직 포기하지 않고 도전하고 있는 모습에 응원의 박수

를 보냈다. 희망을 갖고 내 집 찾기를 위해 노력하다 보면 언젠
가는 바람이 현실이 되어 아이들과 아내와 함께 행복하게 추억
을 쌓아갈 수 있는 '내 집'을 마련할 수 있을 것이다.

그 누구도 눈물을 대신 닦아 줄 수 없다.

눈물을 닦을 수 있는 사람은 바로 자신이다. 눈물을 닦아주
길 기다리기 보다는 스스로 눈물을 닦고 다시 한 번 용기를 내
보는 건 어떨까.

---

1) 가계금융복지조사는 가계의 자산, 부채, 소득, 지출 등을 통해 재무 건전성을 파악하
   고, 경제적 삶(Well being)의 수준 및 변화 등을 미시적으로 파악하기 위해 조사 · 발
   표하는 자료다. 통계청이 금융감독원 및 한국은행과 공동으로 전국의 2만 표본가구
   를 대상으로 실시한다.

2) 청약가점제: 민영주택 입주자 선정방법이다. 민영주택 1순위 내에서 경쟁이 있을 경
   우 입주자 모집공고일 기준 ①무주택기간 최대 32점, ②부양 가족수 최대 35점, ③
   청약가입기간 최대 17점으로 합산점수(최대 84점)가 가장 높은 당첨자를 선정하는
   제도이다. 실수요자 중심의 주택공급을 위해 2007년 9월부터 시행되고 있다.

임대차 3법이란 무엇일까요?

임대차 3법은 우리의 실생활과 매우 밀접한 관련이 있다. 임대인도 임차인도 기억해 둬야 할 내용이다. 간단히 임대차 3법에 대해 알아보자.

임대차 3법은 전월세신고제 · 전월세상한제 · 계약갱신청구권제 등을 핵심으로 하는 법안으로, 전월세신고제를 핵심으로 한 '부동산 거래신고 등에 관한 법률' 개정안과 전월세상한제와 계약갱신청구권을 핵심으로 한 '주택임대차보호법' 개정안이 이에 포함된다.

임대차 3법 중 전월세신고제의 도입 근거가 되는 '부동산 거래신고 등에 관한 법률' 개정안은 2020년 7월 28일 국회 국토교통위원회 전체회의를 거쳐 8월 4일 본회의를 통과했다. 이에 따라 2021년 6월 1일부터는 전월세 거래 등 주택 임대차 계약 시 임대차 계약 당사자인 집주인과 세입자가 30일 이내에 주택 소재지 관청에 임대차 보증금 등 임대차 계약 정보를 신고해야 한다.

만약 당사자 중 일방이 신고를 거부하면 단독으로 신고할 수 있도록 했으며, 임대차 신고가 이뤄지면 확정일자를 부여한 것으로 간주된다.

또한 개정안에는 주민등록 전입신고를 해도 임대차 계약 신고를 한 것으로 처리하는 방안도 담겼다. 다만 전월세신고제가 도입된다고 해도 모든 지역과 모든 주택을 대상으로 하는 것은 아니며, 법 시행령에서 대상 지역과 임대료 수준을 정하도록 했다.

임대차 3법 중 주택임대차보호법 개정안은 전월세상한제와 계약갱신청구권제를 담고 있다. 주택임대차보호법 개정안은 2020년 7월 30일 국회를 통과한 데 이어 7월 31일 국무회의를 통과하면서 이날부터 시행됐다.

전월세상한제는 임대료 상승폭을 직전 계약 임대료의 5% 내로 하되, 지자체가 조례로 상한을 정할 수 있도록 했다.

계약갱신청구권은 세입자에게 1회의 계약갱신요구권을 보장해 현행 2년에서 4년2+2으로 계약 연장을 보장받도록 했다. 다만 주택에 집주인이나 직계존·비속이 실거주할 경우에는 계약 갱신 청구를 거부할 수 있도록 했다. 이러한 계약갱신청구권과 전월세 상한제는 개정법 시행 전 체결된 기존 임대차 계약에도 소급 적용된다.

「주택청약가점」 알아봅시다.

[청약가점제 가점항목별 가산점수(최대 84점)]

1. 무주택기간: 최대 32점

가점구분	점수	가점구분	점수	가점구분	점수	가점구분	점수
1년미만	2	4년~5년미만	10	8년~9년미만	18	12년~13년미만	26
1년~2년미만	4	5년~6년미만	12	9년~10년미만	20	13년~14년미만	28
2년~3년미만	6	6년~7년미만	14	10년~11년미만	22	14년~15년미만	30
3년~4년미만	8	7년~8년미만	16	11년~12년미만	24	15년~16년미만	32

※ 무주택기간은 기본 2점에서 무주택기간이 1년씩 늘어날 때마다 2점이 가산돼 15년 이상 무주택인 경우 32점의 최고점을 받음

※ 무주택기간 가점 적용 기준: 입주자 모집공고일 기준 청약자 및 세대원(배우자, 직계존·비속 및 직계비속의 배우자 포함)으로서 청약자 또는 배우자와 동일. 주민등록표상에 등재된 자, 배우자의 직계비속(직계비속의 배우자 포함)으로서 (청약자와 동일 주민등록표상에 등재된 자) 전원이 주택(분양권 등 포함)을 소유하지 않아야 함

2. 부양가족수: 최대 35점

가점구분	점수	가점구분	점수	가점구분	점수	가점구분	점수
0명	5	2명	15	4명	25	6명 이상	35
1명	10	3명	20	5명	30		

※ 부양가족 수는 기본 5점에서 6명 이상인 경우 35점의 최고점을 받음

※ 동일 주민등록표상 등재 여부 관계없이 입주자 모집공고일 기준 배우자는 부양가족으로 인정하며, 무주택 직계존속(배우자의 직계존속 포함)의 경우 세대주(세대분리된 배우자가 직계존속 부양 시 배우자도 세대주이어야 함)이고, 최근 3년 이상 계속하여 동일 주민등록표에 등재되어 있는 무주택 직계존속인 경우 인정함

※ 직계비속의 경우, 입주자 모집공고일 기준 청약자 또는 배우자와 동일 주민등록표상에 등재된 미혼 자녀만 인정됨. 단, 미혼 자녀가 만 30세 이상인 경우 입주자 모집공고일 기준 최근 1년 이상 계속하여 동일 주민등록표상에 등재되어 있는 경우에는 부양가족으로 인정함

3. 청약통장가입기간: 최대 17점

가점구분	점수	가점구분	점수	가점구분	점수	가점구분	점수
6개월미만	1	4년~5년미만	6	9년~10년미만	11	14년~15년미만	16
6개월~1년미만	2	5년~6년미만	7	10년~11년미만	12	15년이상	17
1년~2년미만	3	6년~7년미만	8	11년~12년미만	13		
2년~3년미만	4	7년~8년미만	9	12년~13년미만	14		
3년~4년미만	5	8년~9년미만	10	13년~14년미만	15		

※ 청약통장 가입기간의 경우 1점에서 1년씩 늘어날 때마다 1점이 가산돼 15년 이상이면 17점의 최고점을 받음

※ 청약통장가입기간 가점 적용기준은 입주자 모집공고일 기준 최초 가입일을 기준으로 가입기간을 산정함

퇴직금 중간정산을 받아
부동산에 투자한 이유

15

부동산의 종류 만큼이나 투자의 방식도 다양하다. 청약상품에 가입해 신축 아파트를 분양 받는 방법도 있고, 거주하면서 동시에 투자 수익을 얻기 위해 향후 가치가 기대되는 상가주택 등에 투자하기도 한다.

오피스텔이나 상가에 투자하여 월세를 받으면서 동시에 가치상승을 고려한 투자를 할 수도 있고, 재건축이나 재개발지역에 투자하는 방법 등 개개인의 투자 성향에 따라 투자 방식도 천차만별이다.

가장 이상적인 투자는 거주와 투자를 분리하는 것이지만 대다수의 사람들은 거주와 투자를 분리할 만큼 자금이 넉넉하지 않다.

다른 주택 유형에 비해 아파트의 인기가 높은 것도 이와 무관하지 않다.

아파트의 경우 거주의 목적도 달성할 수 있고, 상황에 따라 투자 수익도 볼 수 있다. 환가의 용이성이 가장 큰 장점인 아파트는 두 마리 토끼를 잡을 수 있는 대표적인 부동산이다.

투자를 바라보는 관점에 따라 투자 대상과 선택의 폭도 달라진다. 장기적인 관점에서 투자를 원하는 사람들은 재건축이나 재개발을 생각할 것이다. 재개발이나 재건축의 경우 생각했던 것보다 투자가 장기화 될 수도 있다. 따라서 재건축이나 재개발에 투자하고자 한다면 보다 장기적인 관점에서 접근해야 하며, 자금 계획도 장기로 세워야 한다.

단기차익을 생각하는 투자자들은 신규 입주 부동산이나 교통 호재 등 단기 상승효과가 기대되는 곳을 선택해야 한다. 주변에 백화점이나 종합병원, 대형 쇼핑센터 등 편의시설이 입점하는 경우도 투자 호재로 작용한다.

투자에 있어서 우선적으로 고려해야 할 점은 단기투자와 장기투자를 결정하는 것이고, 투자 대상을 철저하게 분석하여 부동산을 선택해야 한다. 물론 부동산 분석만큼이나 세밀하게 자금계획도 세워야 한다.

간혹 본인의 자금 대비 과도한 투자로 어려움을 겪는 사람들을 보게 된다. 다시 한번 당부드리는데 감당할 수 있는 부채는 자산이지만 과한 욕심은 화를 부르는 법이다.

미혼인 R 씨는 40대 중반이다. 10년 후 퇴직을 목표로 준비하고 있다. 늦어도 50대 중반에는 퇴직하고 싶다는 의미였다.

매사 소심하고 신중한 편이었던 R 씨는 부동산을 선택할 때도 그러했다. 아무리 괜찮은 물건을 추천해도 쉽게 결정하지 못했고 몇 날 며칠을 고심하다 물건을 놓치기 일쑤였다. 여러 가지 이유를 들어 매입을 거절하는 경우도 많았다. 그만큼 걱정과 근심이 많은 편이었고, 선택과 결정도 매우 신중한 편이었다.

당시 R 씨가 동원할 수 있는 자금은 2억 원 내외였다. 대출을 받아 추가 자금을 확보할 수도 있었지만 R 씨는 대출을 극도로 꺼려했다. 전세보증금을 끼고 아파트에 투자할 수도 있었지만일명 갭투자 R 씨는 전세보증금도 부채로 여겨 투자를 거절할 정도로 매우 보수적인 관점으로 부동산에 투자하는 성격이었다. 가격 상승으로 인한 자본이득보다는 부동산 가격 하락기에도 안정적으로 월세를 받을 수 있는 물건을 원했으므로 추천할 수 있는 부동산도 제한적일 수밖에 없었다.

R 씨가 고심 끝에 투자를 결정한 물건은 역세권에 위치한 주거용 오피스텔이었다. 5분 거리에 지하철역이 있고 주변에 백화점 및 대형 마트, 관공서 등이 소재한 곳으로 R 씨가 원했던 것처럼 부동산 하락기에도 비교적 안정적으로 월세 수입이 가능한 곳이었다. 1억6천만 원에 매입한 오피스텔의 월세 수입이 80만 원보증금 1천만 원 정도였으니 연수익률도 6% 이상으로 양호한 편이었다.

R 씨는 매월 제2의 월급이 통장에 입금되자 오피스텔 매입

한 것을 만족스럽게 여겼다. 난생 처음 부동산의 가치에 눈 뜬 것이다.

그러던 어느 날, R 씨에게서 연락이 왔다. R 씨는 퇴직금을 중간정산 받아 주택을 매입하고 싶다고 했다. R 씨의 투자 성향을 감안할 때 전혀 예상하지 못한 상담 요청이었다.

매사 신중하고 소심한 편인 R 씨가 퇴직금 중간정산까지 받아 향후 가치 상승이 예상되는 곳에 투자하고 싶다고 했을 때는 귀를 의심할 정도였다. 오피스텔에서 나오는 제2의 월급이 가져다 준 변화라고하기에는 너무 큰 것이었다.

퇴직금은 근로자의 노후생활비 재원이므로 법에서 정한 사유가 아니면 중도에 정산 받을 수 없다. 다만 예외적으로 무주택자인 근로자가 본인 명의로 주택을 구입하거나 주거 목적으로 전세보증금을 마련하고자 할 경우에는 중간정산을 받을 수 있다.[1]

R 씨가 갖고 있던 오피스텔을 매도하고 퇴직금을 중간정산 받아 마련한 자금은 3억 원 정도였다. R 씨의 경우 근무지가 지방이었기 때문에 매입하는 주택에 거주하지 않아도 되었다. R 씨의 요청대로 도심에 위치한 소형 아파트 위주로 매물을 찾았다. 도심의 소형 아파트는 상대적으로 전세가율[2]이 높아 R 씨

가 소유한 자금으로도 좋은 물건을 추천할 수 있었다.

R 씨는 이번에도 신중모드였다. 몇몇 곳을 추천했으나 물
건마다 매입하면 안되는 이유를 댔다. 나름 객관적인 분석이었
지만 그 중 두 곳은 전세 만기가 길게 남아 있어서 다른 매물 대
비 상대적으로 저렴한 편이었다. 물론 역세권에 위치한 부동산
이라 향후 가치 상승도 기대할 수 있는 곳이었다.

부동산을 추천하는 나도 서서히 지쳐가고 있었다. 지치기
는 R 씨도 매한가지였다. 혹시나 하는 마음으로 R 씨에게 지하
철역과 연결된 아파트 단지에 위치한 소형 평형의 매물을 추천
했다. 매매가가 3억 원을 약간 상회한 수준이었으므로 R 씨가
소유한 자금으로 매입이 가능한 곳이었다.

R 씨가 지하철역과 연결된 ○○아파트를 선택한 이유는 간
단했다. 역세권에 위치한 소형 아파트였고, 반전세라 따박따박
월세도 받을 수 있었다. 당시 주택가격 동향이 보합 수준이었
기 때문에 큰 상승을 기대할 수는 없겠지만 향후 상승기에 접어
들면 가격 상승의 효과도 볼 수 있는 곳이었다.

R 씨는 매월 제2의 월급을 받으며 만족해했고, 서서히 부
동산의 매력에 빠지기 시작했다.

우리는 요즘 정보의 홍수 속에 살고 있다. 부동산 정보도

예외는 아니다. 과거처럼 몇몇 사람이 정보를 독점해서 독식한 정보를 통해 큰 수익을 얻는 구조가 아니다. 거의 모든 정보가 공개되고 있다.

안타까운 것은 이로 인한 폐해도 만만치 않다는 것이다. 제대로 된 분석을 하지 않고, 과장된 정보만을 믿고 이성을 배제한 채 감으로 투자한다면 투자 실패의 늪에서 헤어나올 수 없게 될 수도 있다.

부동산을 선택할 때, 때로는 R 씨처럼 본인만의 확고한 신념이 필요하다. 한 번 더 두드리고, 다시 한 번 살피다 보면 실패 확률을 현저히 줄일 수 있다. 어쩌면 가장 현명한 투자 방식인지도 모른다.

1) 퇴직금 중간정산 제도: 퇴직금은 퇴직 시에 지급하는 후불적 임금이지만 사용자는 주택 구입 등 대통령령으로 정하는 사유로 근로자의 요구가 있는 경우에는 근로자가 퇴직하기 전에 해당 근로자의 계속근로기간에 대한 퇴직금을 미리 정산하여 지급할 수 있다.

사용자측 입장에서 볼 때 누진적으로 증가하는 퇴직금은 상당한 부담으로 작용하며, 근로자측 입장에서 볼 때 긴급히 주택 구입 등 목돈 필요 시 적절하게 활용할 수 없다. 이에 기업의 부담을 줄이고 근로자의 퇴직금 활용도를 높이고자 도입한 것이다.

퇴직금의 노후소득보장 기능을 강화하기 위해 「근로자 퇴직급여 보장법」 제8조 제2항을 개정(2011.7.25., 법률 제10967호)하여 중간정산의 요건을 '근로자의 요구가 있는 경우'에서 '주택 구입 등 대통령령으로 정하는 사유로 근로자가 요구하는 경우'로 강화하였다.

※ 자료 발췌 및 정리: 네이버 지식백과 '퇴직금 중간정산', 실무노동 용어사전, 2014.

2) 전세가율: 주택 매매 가격에 대비한 전세 가격의 비율을 말한다.

재개발지역 부동산에 투자한 이유

16

R 씨의 투자 도전기는 멈추지 않고 계속된다.

R 씨가 이번에는 며칠 휴가를 내고 찾아왔다. 당시 부동산 시장은 보합 수준이었지만 R 씨가 매입한 아파트의 매매가는 약간 상승해 있었고 매월 월세도 따박따박 나오고 있던 터라 당분간 매도할 이유가 없어 보였다. 당연히 상담을 요청할 일도 없어 보였는데 찾아 온 이유가 궁금했다.

R 씨는 뜬금없이 역세권에 위치한 ○○아파트를 매도하고 싶다고 했다. 처음에는 R 씨를 이해할 수 없었지만, R 씨가 ○○아파트를 매도하려는 이유를 듣고 고개를 크게 끄덕일 수밖에 없었다. R 씨는 매월 월세 받는 것도 좋지만 현재 본인의 수입이 안정적이기 때문에 월세 보다는 미래 가치가 있는 부동산에 투자하고 싶다고 했다.

그동안 투자 자금을 모으기 위해 매월 급여와 월세를 모아 적금을 불입했고, 얼마 전에 불입한 적금의 만기가 도래 되었다. 역세권에 위치한 ○○아파트도 그 사이 매매가가 올랐기 때문에 매도한 후 향후 가치 상승이 기대되는 곳에 투자하고 싶다고 했다.

처음 R 씨를 봤을 때와는 비교할 수 없을 만큼 투자의 관점이 바뀌어 있었다. 초반의 소심하고 신중한 R 씨의 모습과는 사못 다른 모습이었다.

R 씨에게 어떤 물건을 추천해야 할지 깊은 고민에 빠졌다. 아무리 투자 성향이 바뀌었다고 해도 재개발이나 재건축 물건을 추천할 수는 없었다.

과거 R 씨는 전세보증금을 낀 갭투자는 원치 않았지만 투자의 관점이 180도 바뀐 지금은 수용할 것으로 보였다. R 씨가 보유한 자금은 4억 원대 초반이었으므로 전세가율을 낮게 잡아 60% 내외로 계산하더라도 10억 원 이내에서 투자가 가능한 상황이었다.

R 씨와 함께 투자 가능한 자금의 범위 내에서 아파트 위주로 매물을 보러 다녔다. 아파트의 단지 규모, 신축 년도, 입지 및 교통 상황, 교육환경 및 편의시설 등을 종합적으로 고려하여 매물 찾기에 나섰다.

내가 보기에는 향후 투자 가치가 있다고 판단되는 부동산도 R 씨는 뭔가 마음에 차지 않는지 선택을 미뤘다. 그러기를 수차례 반복하고 있었는데 R 씨가 조심스럽게 말을 꺼냈다.

몇몇 아파트는 마음에 들었으나 갭투자를 해야 되는 것이 마음에 걸렸고, 이번에는 단기 투자보다는 장기 투자를 하기로 결정했다는 것이다. R 씨의 뜻은 확고해 보였다.

과연 R 씨는 어떤 부동산을 선택했을까?

R 씨가 뜻밖의 제안을 했다. 재건축 아파트나 재개발지역에 투자하는 것은 어떻겠느냐고 물어온 것이다. 다시 한 번 R 씨의 투자성향 변화에 놀랐다. 마침 잘 알고 있는 재개발지역에 물건이 나와 있어서 R 씨와 함께 현장을 찾았다.

R 씨에게 추천한 재개발지역은 2006년 6월에 정비구역으로 지정되었지만 진행이 답보상태인 곳이었다. 해당 지역은 주거환경이 매우 열악하여 재개발이 진행될 수밖에 없는 상황이었고, 정비구역으로 지정된 지 10년이 경과하여 사업에 속도가 붙는다면 생각보다 진행 속도가 빠를 수 있겠다고 판단했다.

R 씨는 마음에 들었는지 시간을 달라고 했다. 사실 부동산을 공부하는 차원에서 컨설팅을 하고 있지만 내가 얻을 수 있는 것은 다양한 입지를 분석할 수 있다는 것 외에 특별한 이익은 없다.

향후 부동산 연구소나 컨설팅 회사를 운영하게 된다면 컨설팅 해드렸던 분들이나 연결해드렸던 중개업소 사장님들이 소중한 고객이 될 수도 있겠다는 생각이 들어 성심성의껏 상담을 해드리고 있다.

그렇지만 R 씨처럼 에너지를 많이 소비하게 하는 의뢰자를 만날 때면 '내가 왜 이러고 있지?'라고 자문하며 후회할 때도 많다. 다시는 컨설팅을 하지 않겠다고 마음먹었다가도 '나의 작은 희생으로 누군가가 평생 행복할 수도 있다'는 오지랖 넓은 생각에 다시 컨설팅을 하게 된다.

나를 힘들게 한 만큼 R 씨의 선택도 탁월했다. R 씨는 추천한 재개발지역 물건이 평소 본인이 갖고 있던 투자 원칙에 부합한 물건이라는 생각이 들어 매입을 결정한다. R 씨가 재개발지역 부동산을 매입한 시기는 2016년 6월이었다.

그때만 해도 부동산 시장이 보합 수준을 유지하다 상승기에 진입한 상황이었기 때문에 거래가 활발한 편은 아니었다. 특히 R 씨가 매입한 재개발지역의 경우 10년 이상 진행이 답보 상태였기 때문에 다른 재개발지역보다 평균 매매가가 낮은 편이었다.

일반적으로 재개발사업 기간은 정비구역 지정, 조합설립인가, 관리처분계획인가, 착공 및 준공 등의 단계를 거치게 되므로 정비사업 지정 후 실제 입주까지는 최소 10년 이상 걸린다고 봐야한다. 따라서 기본적으로 기간 리스크에 노출될 수 있다는 생각을 갖고 투자에 임해야 한다.

상황이 여의치 않으면 중간에 매도할 수도 있겠지만 중간에 매도할 경우에는 손실을 볼 우려도 있기 때문에 꼼꼼하게 체크하고 투자해야 한다.

R 씨는 2016년 6월, 3억1천만 원에 재개발지역에 소재한 단독주택 102㎡를 매입한다. R 씨가 매입한 이후 재개발사업이 비교적 순조롭게 진행되어 2018년 10월 '사업시행계획인가'를 득하였고, 현재 관리처분계획인가 승인을 기다리고 있다.

재건축이나 재개발지역 투자 시 가장 중요한 것이 투자시점이다. 초기에 투자한다면 향후 재건축이나 재개발이 완료 되었을 때 투자수익을 극대화할 수 있겠지만 사업이 장기화 된다면 기간 리스크가 생길 수 있다. 투자 자금이 묶일 수도 있다는 의미다. 그렇다고 재건축이나 재개발에 속도가 붙어 관리처분계획인가 단계에 다다르면 초기 투자자금이 많아져 쉽게 투자할 수 없게 된다.

요즘같이 부동산 규제가 복잡한 경우 미처 파악하지 못했던 부동산 규제로 인해 조합원 자격을 취득할 수 없는 경우도 생길 수 있으므로 꼼꼼하게 따져본 후 매입해야 한다. 상황에 따라서는 자금 부담이 가중될 수도 있다.

앞서 언급한 것처럼 재개발지역의 경우 기간 리스크가 크기 때문에 재개발사업 계획은 보수적으로 해석하는 게 좋다.

적정 타이밍에 투자하면 투자 수익률을 극대화할 수 있지만 재건축사업이나 재개발사업의 특성상 다양한 분쟁이 있을 수 있고 이로 인해 사업기간이 예상했던 것보다 길어질 수도 있다. 최악의 경우에는 사업자체가 취소되는 경우도 있다. 기간 리스크뿐만 아니라 예상하지 못한 다양한 리스크가 곳곳에 도사리고 있기 때문에 조급한 마음으로 투자하거나 무리하게 대출을 받아 투자하는 것은 위험할 수 있다.

투자가 독이 될 수도 있기 때문에 그만큼 신중하게 판단하고 투자를 결정해야 한다. 재건축이나 재개발지역 상담을 할 때 필히 전하는 말이 있다. '리스크를 짊어지고 투자하라'는 것이다. 그만큼 투자에 대한 부담이 크다는 의미이다.

재개발지역에 투자할 때는 기본적으로 확인해야 될 내용이 있다. 재개발지역 투자의 기본 원칙이라 생각해도 무방하다. 향후 가치측면에서 본다면 대규모로 건설되는 아파트단지의 경우 그 지역의 랜드마크가 될 수 있기 때문에 유리하지만 비례율[1]도 높게 나와야 한다.

비례율은 세입자, 조합원 수 등이 적어야 조합원 입장에서 좋다. 재개발지역에 비슷한 물건이 나왔을 경우에는 투자 물건이 도로에 접해 있거나 공시지가가 높은 곳을 선택해야 한다. 그래야만 조합원 권리가액[2] 산정을 위한 감정평가 금액을 높게 받을 수 있다.

R 씨가 갭투자를 했다면 상황이 어떻게 되었을까?

그때 아파트에 갭투자를 했다면 지금 R 씨가 소유하고 있는 재개발지역 부동산보다는 투자 수익률 측면에서 유리할 수도 있다. 그러나 나는 R 씨의 선택을 존중한다. R 씨는 본인이 세운 투자 원칙 내에서 투자를 했고 본인이 투자한 자금 대비 2배 이상의 가치 실현도 가능하기 때문이다.

더욱이 재개발이 무난하게 진행된다면 5년 내에 입주가 가능한 상황이므로 입주 후 가격상승 효과도 기대해볼만 하다. 아직 실현되지 않은 미실현 수익률을 논하는 것 자체가 의미 없는 것이지만 현재 상황에서 투자 수익률을 따져 본다면 재개발지역을 선택한 것도 투자 관점에서 보면 성공한 투자라 할 수 있다.

장기 투자를 계획했던 R 씨는 순조롭게 재개발이 진행되기를 차분한 마음으로 기다리고 있다. 매사 신중하고 소심했던 R 씨가 오피스텔을 매입하면서 부동산 투자에 눈 뜨기 시작했고, 이후 퇴직금 중간정산을 통해 아파트를 매입하여 투자의 변화를 시도했다. 최종적으로는 재개발지역에 투자하는 등 투자 관점은 바뀌었지만 본인이 세운 투자원칙은 변함이 없었다.

성공적인 투자를 위해서 때로는 과감한 선택도 필요하지만 본인만의 투자 원칙을 세운 후 투자 원칙에 입각하여 투자한다면 그만큼 투자에 따른 리스크를 헤지Hedge할 수 있다는 것을 R 씨를 통해서 배우게 되었다.

1) 비례율: 재개발사업이 완료된 후 조합이 얻게 되는 수익을 포함한 총 수입금(종후자산 합계)에서 총 사업비용을 차감한 금액을 재개발 이전의 토지 및 건물감정평가액(종전자산 합계)으로 나눈 후 100을 곱한 수치를 말한다.

개발이익 비례율은 재개발사업이 완료된 후 부동산이 얼마의 가치를 갖게 될지를 나타내는 비율로 재개발 투자수익률을 평가하는 기준이 된다.

만일 개발이익 비례율이 100%라면 총 사업이익과 조합의 감정평가액이 같기 때문에 사업성이 좋지 않음을 의미하고 개발이익 비례율이 100%를 초과할수록 조합원에게 돌아가는 금액이 커지므로 사업성이 좋은 것으로 평가된다.

일반적으로 조합원 수가 적어 일반분양 물량이 많거나 사업추진이 빠르게 진행되는 곳에서는 개발이익 비례율이 상대적으로 높게 나타나는 반면, 사업비용이 과다하게 지출되거나 사업기간이 장기화 되는 곳의 개발이익 비례율은 낮게 나타나는 편이다.

– 비례율(사업성) 계산 공식: [총수입금(종후자산 합계) – 총 사업비)/종전자산 합계] × 100

   • 종전자산 합계 = 조합원 감정평가금액 합계
   • 종후자산 합계 = 조합원 분양 + 일반분양 수입의 합계
   • 총사업비 합계 = 공사비용, 조합 관리비용 등 제비용 합계

2) 권리가액: 조합원별 토지나 건물의 지분 감정평가액에 비례율을 곱하면 조합원별 권리가액이 된다.

– 권리가액 계산 공식: 조합원별 감정평가액(종전 감정평가액) ×비례율

TIP

재건축과 재개발의 차이, 알아 둡시다.

일반적으로 아파트 단지 등 공동주택을 개발할 경우 재건축이라고 생각하고, 단독 주택 및 다세대 주택 등이 혼재한 지역을 개발할 경우를 재개발이라고 생각하는 사람들이 많은 편이다. 이 기회에 재건축과 재개발의 차이를 짚어 보자.

[재건축 및 재개발사업의 정의 · 종류 · 진행 프로세스]

1. 도시 및 주거환경정비법의 정의
- 주거환경개선사업, 재개발사업, 재건축사업이라는 3가지 분야를 하나의 법에서 다루고 있다.
- 도시 기능의 회복이 필요하거나 주거환경이 불량한 지역을 계획 적으로 정비하고, 노후 · 불량 건축물을 효율적으로 개량하기 위 해 필요사항을 규정하여 도시환경 개선 및 주거생활의 질을 향상 하는 것이 목적이다.
  • 정비구역: 정비사업을 계획적으로 시행하기 위해 지정 · 고시된 구역
  • 정비사업: 정비구역에서 정비기반시설을 정비하거나 주택 등 건 축물을 개량 또는 건설하는 사업
  • 노후 · 불량 건축물: 노후화 되어 안정성, 사용성의 문제가 우려 되어 정비가 필요한 건축물로 법령에서 정한 기준에 의해 판정되 며, 노후 · 불량 건축물의 비율은 정비구역 지정의 중요 기준임

---

2. 정비사업의 종류

종류	내용
주거환경 개선사업	도시 저소득 주민이 집단거주하는 지역으로 정비기반시설이 극히 열악하고 노후·불량 건축물이 과도하게 밀집한 지역의 주거환경을 개선하거나, 단독주택 및 다세대주택이 밀집한 지역에서 정비기반시설과 공동이용시설 확충을 통해 주거환경을 보전·정비·개량하기 위한 사업
재개발사업	정비기반시설이 열악하고 노후·불량 건축물이 밀집한 지역에서 주거환경을 개선하거나, 상업지역·공업지역 등에서 도시기능의 회복 및 상권활성화 등을 위해 도시환경을 개선하기 위한 사업 ⇒ 낡은 주택과 도로, 공원, 상·하수도 등 기반시설까지 정비 및 개발 (예: 정비기반 시설이 열악한 주택지역, 신림동 재개발 등)
재건축사업	정비기반시설은 양호하나 노후·불량 건축물에 해당하는 공동주택이 밀집한 지역에서 주거환경을 개선하기 위한 사업 ⇒ 주로 낡은 주택을 위주로 개발(예: 정비기반시설이 양호한 아파트 재건축)

3. 재건축·재개발 정비사업 진행 프로세스

진행 구분	진행 절차	참고
사업 초기	정비기본계획 수립(지자체 先수립) → 안전진단 실시 → 정비구역 지정 → 추진위원회 구성	o 안전진단: 재건축사업만 해당 - D등급: 조건부 재건축 - G등급: 재건축 가능
사업 중기	→ 조합설립인가 → 시공사 선정 → 사업시행인가 → 조합원 분양신청 → 관리처분계획(인가)	〈조합설립을 위한 조건〉 o 재개발 - 토지 등 소유자의 3/4 동의 - 토지 면적의 1/2 동의 o 재건축 - 전체 구분소유자의 3/4 동의 - 각 개별동마다 과반수 동의
사업 말기	→ 이주 및 철거 → 착공 및 일반분양 → 준공 및 입주 → 이전고시 및 청산	- 본격적인 입주가 시작되어 입주가 완료되면 조합 해산 절차 돌입

※ 자료 발췌 및 정리: 박문각 부동산교육연구소, 2021., 「부동산 공법」, 박문각출판, P.330~336.

자신만의 투자 원칙을 세워라

17

R 씨를 상담하면서 알게 된 사실이 있다. R 씨의 경우 신중하고 소심한 성격이라 부동산을 선택하고 결정하는데 시간이 오래 걸리지만 투자 원칙과 소신을 갖고 있었다. R 씨는 본인이 세운 투자 원칙에 입각해 부동산 투자를 해왔던 것이다.

리스크를 중시하는 보수적인 투자 원칙이었지만 오히려 지금 시대에 맞는 투자 방법일 수 있다는 생각이 들었다. R 씨의 투자 조언은 무분별하게 난무하는 각종 정보에 현혹되어 분별력을 상실한 채 투자했다가 실패를 본 사람들에게 의미있는 메시지를 던지기에 충분했다.

R 씨의 투자 원칙은 7가지로 요약 된다. 간단히 정리하면 R 씨는 ①원금 손실 우려가 있는 부동산은 투자하지 않았으며, ②부동산 상승기보다는 하락기를 대비한 투자를 했다. 따라서 R 씨는 리스크가 큰 부동산은 선택하지 않았다. A라는 부동산의 상승 가치가 아무리 높더라도 동시에 하락 리스크가 크다면 상대적으로 하락 리스크가 적은 B 부동산을 선택했다. 그렇다보니 자본이득과 수익률은 다소 낮았지만 자연스럽게 경기 하락기를 대비할 수 있는 부동산을 선택할 수 있었다. 또한 ③무리한 갭투자는 하지 않았으며 ④감당할 수 있는 범위 내에서 투자했다.

R 씨는 투자 기간을 길게 가져가기 보다는 ⑤목표 수익률

을 정하고 목표 수익률에 도달하면 매도를 통해 수익을 실현했다. R 씨는 ⑥선택은 신중하게 했으며, 대신 매도 결정은 비교적 빠른 편이었다. ⑦대체할 수 있는 부동산이 없다면 매도하지 않는 것도 R 씨의 투자 원칙 중 하나였다.

R 씨의 투자 원칙 중 일반적인 투자자와 가장 다른 것은 '무리한 갭투자는 하지 않는다'는 점이다. R 씨는 세입자가 사정이 생겨 임대 중이던 집에서 나간다고 할 경우 언제든지 보증금을 내줄 수 있는 자금여력이 있어야 된다고 생각했다. 세입자의 전세보증금으로 또 다른 곳에 투자를 하고, 욕심을 내다 보니 연속된 투자로 인해 자금이 물리는 경우를 주변에서 종종 봐왔기 때문이다.

갭투자는 주택가격과 전세보증금 간의 차이_{갭, Gap}가 적은 아파트 등 주택을 매입한 후 일정 기간이 지나 집값이 상승하면 매도하여 차익을 실현하는 부동산 투자방식이다. 갭투자의 경우 전세보증금이 레버리지 효과를 내기 때문에 전세가율이 높을수록 투자자에게 유리하다. 비교적 적은 자금으로 투자가 가능하므로 부동산 상승기에 많이 나타나는데 최근 집값이 지속적으로 상승하여 갭투자가 성행하고 있다.

갭투자는 주택가격과 전세가격을 동시에 끌어올려 주택시

장을 교란시킬 수 있다. 때문에 정부에서는 갭투자의 폐단을 막기 위해 대출규제 및 세제규제 등 다양한 규제책을 내놓고 있다. 하지만 요즘 같은 부동산 활황기에는 백약이 무효일 정도다.

한때 아파트 매매가격과 전세가격의 갭이 적어 갭투자 하기 좋은 서울시 도봉구, 노원구, 강북구일명 도·노·강 지역를 비롯해 성북구 등에 지방에서까지 갭투자 원정대가 찾아와 전세 낀 매물을 쓸어갔다는 소문이 돌 정도였다.

갭투자의 경우 부동산 시장 하락기나 침체기가 도래했을 때가 문제다.

예를 들어 전세보증금 4억 원에 본인 보유자금 1억 원을 더해 5억 원에 아파트를 매입했다고 가정전세기율 80%해 보자. 주택가격 상승기에는 문제가 없겠지만 하락기가 도래하면 매매가격이 하락할 것이고, 하락기가 지속되다 보면 매매가격이 전세가격에 근접해질 수 있다. 이때부터 문제가 생기기 시작한다. 처음 갭투자를 했을 당시 매매가격과 전세가격의 차이가 20% 밖에 나지 않았기 때문에 급격하게 부동산 시장이 하락하게 되면 20%의 갭은 쉽게 메워질 수 있다. 매매가가 갭투자 했을 당시의 전세가인 4억 원에 근접하게 하락한다면 임대인은 주택을 매도할 수도 없고, 그렇다고 전세보증금을 반환하기도 쉽지 않은 상황에 처할 수도 있다.

최악의 경우에는 매매가격이 전세가격보다 낮아지는 깡통주택 또는 깡통전세 현상까지 초래될 수 있다. 이때 전세기간이 만료되어 새로운 임차인과 전세계약을 체결하게 된다면 임대인은 하락한 만큼의 전세보증금을 자기 자금으로 충당해 기존 세입자를 내보내야 한다. 다행히 매매가 되었다 하더라도 매매가격이 전세보증금에 미치지 못하는 경우, 그 갭을 메워 세입자를 내보내야 하는 상황이 생길 수도 있다.

일어나서는 안될 일이지만 여기에 '역전세난' 까지 겹친다면 임대인과 임차인의 발이 동시에 묶이면서 불행이 시작될 수도 있다.

무리한 투자는 반드시 화를 불러오게 되어 있다. 갭투자로 파생된 사회문제는 어제만의 일이 아니다. 오늘 우리 주변 누군가가 겪고 있는 현재진행형의 문제다. 이슈화된 적도 있지만 갭투자를 이용해 주택을 수십 채 또는 수백 채 매입했던 투자자가 파산하거나 종적을 감추면서 세입자들이 그 피해를 오롯이 떠안아야 했던 일들도 종종 있었다.

'무리한 갭투자는 하지 않는다'는 R 씨의 투자 원칙을 이야기 하다 갭투자에 대한 설명으로 이야기가 확장되었다. 갭투자의 유혹은 누구나 받을 수 있다. 당부하고 싶은 것은, 갭투자를 하더라도 기본적인 투자 원칙을 간과해서는 안된다는 점이다. 그만큼 갭투자가 위험한 것이라는 것을 인지하고 과한 욕심을 부리기보다는 감당할 수 있는 범위 내에서 투자해야 한다.

R 씨가 이 원칙을 세운 것은 본인도 한때 임대인이 보증금을 제 때 주지 않아 고생했던 경험 때문이었다. R 씨가 살고 있는 집에 누수가 생겨 이사가야 될 상황에 처했는데 누누이 임대보증금 반환을 요구해도 임대인은 내줄 보증금이 없다며 나 몰라라 했다. 전세기간이 만료되어도 새로운 세입자를 들여야 보증금을 반환해 줄 수 있다고 했다. 6개월 남짓 누수가 되는 집에서 산다는 것은 정말 고생스러운 일이었다.

생각해 보시라. 어떤 세입자가 누수 되는 집에 들어오려고 하겠는가? 임대인은 원인을 파악할 수 없다며 이리 저리 핑계만 댔다. 세입자를 내보내고 제대로 검사를 해서 누수를 차단한 후 새로운 세입자를 들이는 게 임대인이 마땅히 해야 할 도리다. 그런데 임대인은 전세보증금으로 다른 곳에 투자한 상태였기 때문에 R 씨에게 보증금을 내줄 여력이 없었다. 이 일을 겪으면서 R 씨는 원칙을 세웠다. 임대를 주더라도 보증금을 내줄 자금은 갖고 있자는 것이었다. R 씨는 지금도 그 원칙을 지키고 있다.

평소 R 씨는 본인이 정한 투자 원칙 내에서 투자를 결정했다. 현재 R 씨의 자산 상황을 고려하면 R 씨가 부동산 투자를 통해 자본이익을 크게 본 것은 아니지만 그렇다고 실패한 투자를 한 적도 없었다. 본인이 소유하고 있는 자금 범위 내에서 꾸준히 투자해 왔으며, 초기 투자 때보다 자산 가치도 꽤 상승해 있는 편이다. R 씨의 투자 조언은 부동산 투자를 원하는 많은 사람들에게 시사하는 바가 크다고 생각한다.

모든 투자가 그러하겠지만 특히 부동산 투자의 경우 본인의 전 재산이 투입되는 경우가 많다. 따라서 자신만의 투자 원칙을 세우는 것이 무엇보다 중요하다. 레버리지는 어느 정도 일으킬 것인지 등 세밀하게 계획을 세우고 투자원칙에 입각하여 투자한다면 그만큼 실패확률을 낮출 수 있을 것이다.

여기에 한 가지 더 추가해야 할 것은 남을 힘들게 하면서 자신의 자산가치를 상승시키는 일을 해서는 안된다는 것이다. 앞서 언급했듯 무리한 투자는 화를 불러올 수 있으며, 언젠가는 부메랑이 되어 나에게 돌아온다는 것을 기억했으면 좋겠다.

TIP

R 씨의 일곱 가지 투자 조언

1. 원금 손실 우려가 있는 부동산은 투자하지 않는다.
   ※ 자본적 이득이 적더라도 안정적인 부동산에 투자한다.
2. 부동산 상승기보다는 하락기를 대비한다.
   ※ 상승여력이 큰 부동산 보다는 하락기에 견딜 수 있는 부동산
   에 투자한다.
3. 전세보증금은 언제든지 상환해야 하는 부채이므로 무리한 갭투
   자는 하지 않는다.
   ※ 임대인은 임차인에게 보증금을 반환할 의무가 있고, 상시 반
   환할 수 있어야 한다.
4. 감당할 수 있는 범위 내에서 투자한다.
   ※ 무리한 투자는 화를 자초한다.
5. 목표 수익률을 정하고 목표 수익률에 도달하면 매도를 통해 수
   익을 실현한다.
   ※ 투자 초기부터 장·단기 투자 계획을 세워 실행에 옮긴다.
6. 선택은 신중하게 결정한다.
   ※ 대신 매도를 결정했다면 빠르게 실행에 옮긴다.
7. 대체할 수 있는 부동산이 없다면 매도하지 않는다.
   ※ 대체재 없이 매도하면 후회할 확률이 높다.
   ※ 앞서 설명했듯 부동산 이론 중에 '연관재와의 가격과 수요의
   변화'가 있다. 여기에서 언급한 대체재는 부동산 이론에서
   이야기하는 대체재가 아니며 어떤 부동산을 매도한 후 매입
   하고자 하는 부동산을 말한다.

이상과 현실…
"마당 있는 집에서 살아요"

18

집은 시간과 추억을 저장하는 공간이다. 그런데 컨설팅을 의뢰하는 사람들 중 열의 아홉은 집을 자산 가치 상승을 위한 수단으로 생각한다. 이재理財를 먼저 생각하는 사람, 이재를 먼저 계산하는 사람은 정서情緒를 계산하지 못할 수도 있다.

자본주의 사회에서 이재를 생각하는 것은 당연한 것이겠지만, 이재만을 강조하는 사람들을 볼 때면 안타깝다는 생각이 들 때도 있다.

잠깐 유년 시절로 돌아가보자. 집과 집 사이에 골목이 있었고, 집과 골목은 유년의 기억과 추억을 고스란히 간직하고 있는 시간과 추억의 저장소였다. 우리는 주택의 매매가를 책정할 때 정서에 대한 값은 배제한다. 정서에 대한 값을 생각하는 사람은 주택의 가격 보다는 '그 집'이 주는 가치를 먼저 생각한다. '그 집'의 가치를 계산할 줄 아는 사람이다.

상담을 하다 보면 마당 있는 집을 추천해 달라는 사람들이 더러 있다. 혼자 살고 있는 30대 초반부터 아이를 키우고 있는 40대 부부, 땅을 밟으며 노년을 보내고 싶어하는 70대까지 연령대도 다양하다.

특히 40대의 경우 마당 있는 집에서 살고 싶은 로망을 가진 이들이 의외로 많았다. 정원이 있는 마당에서 친구들을 불러 바비큐 파티를 하거나 지인들을 불러 루프탑에서 차 한 잔 마시는 삶의 여유를 즐기고 싶은 마음은 이해한다. 그러나 이상과 현실의 괴리감은 생각보다 클 수 있다. 몇 번은 가능하겠지만 로망이 일상이 될 수는 없다. 이 점을 간과하고 충동적으로 단독주택을 매입하면 99% 후회하게 된다.

경제적인 관점에서 보면 아파트의 경우 가격 정찰제처럼 시세가 형성되어 있기 때문에 환가가 용이하다. 급매물이라고 하면 통상 1천만 원에서 3천만 원 정도 매매가가 낮게 형성되어 있는 경우를 말한다. 초급매라고 하더라도 매매가가 5천만 원 정도 낮은 수준이다. 이미 시세가 형성되어 있기 때문에 매매가격 할인의 한계가 있다.

하지만 단독주택은 집의 상태와 위치, 매도인과 매수인이 요구하는 매매가 등 조건이 저마다 다르기 때문에 환가가 쉽지 않다. 단독주택을 매입하고 싶다는 사람들에게 강조하는 말이지만 아파트는 공산품과 같고, 단독주택은 수제품과 같기 때문에 개인적인 선호도에 따라 가치판단의 기준도 매우 다르다는 점이다. 차이를 알아야 가치가 보이고, 그 가치를 알아야 비로소 인정할 수 있는 것이 단독주택이다.

S 씨는 유년을 마당 있는 집에서 보냈다. S 씨는 직장 생활을 하면서 처음으로 오피스텔에서 살아봤다. 결혼하면서 다세대주택에서 신혼을 시작했고, 형편이 나아지자 아파트 전세살

이도 해봤다.

S 씨는 아내의 꿈이었던 신축 아파트를 분양 받아 입주했지만 설렘은 잠깐이었다. 시간이 지날수록 집이 주는 행복을 느낄 수가 없었다. 옆집과 동일한 구조의 집에서 똑같은 방향을 바라보며 작은 소리에도 마음 졸이며 살아야 하는 것이 싫었다. 아내는 신축 아파트의 매력에 빠져 있었고, 나름 자부심까지 느끼며 살고 있는 듯 했다. S 씨는 아내에게 마당 있는 집에서 살아보자는 말을 몇 번 꺼냈지만 아내의 답변은 당연히 거절이었다.

어느 날, S 씨는 피치못할 사정이 생겨 아파트를 매도하게 된다. 이삿짐을 싸던 날, 뒤돌아서서 눈물을 훔치는 아내의 어깨를 다독이며 S 씨 가족은 마당 있는 다세대주택이하 빌라으로 이사한다. 반지하 빌라였지만 1층 단독주택처럼 마당을 쓸 수 있었다. 그 빌라에 살고 있는 일곱 집이 공유하는 마당이었다. 그런데 옆집 어르신 이외에는 마당을 쓰는 사람이 없었다. 보증금 9천만 원에 월세 80만 원을 내야하는 신세였지만 S 씨의 가족은 마당이 있는 빌라의 매력에 흠뻑 빠지게 된다.

S 씨 가족이 그 집을 선택하게 된 이유는 단 한 가지였다. 마당이 있는 빌라였기 때문이다. 처음 중개업소에서 그 집을

보러 가자고 했을 때 아내는 반지하 빌라라며 고개를 가로저었다. 아무리 힘든 상황이지만 반지하 빌라에서 어린 아이들을 키울 수는 없다고 했다. 우선 그 빌라를 보고 다른 집을 더 찾아보자는 중개업소 사장님의 권유에 마지못해 그 빌라를 보러 갔다. S 씨의 가족은 다들 그날을 선명하게 기억한다.

S 씨 가족이 그 반지하 빌라를 보러 간 날은 무더위가 그치고 초가을 바람이 선선하게 불던 날이었다. 세입자를 내보내고 새로운 세입자를 들이기 위해 리모델링 해놓은 빈집이었다. 중개업소 사장님은 급한 일이 있다며 문을 열어주고는 서둘러 나갔다. 지인의 집이니 천천히 둘러보고 있으면 다른 사람에게 집을 보여주고 다시 돌아오겠다고 했다.

집을 다 둘러보고 마당에서 한참 이야기를 나눴는데도 중개업소 사장님이 나타나지 않았다. 급하게 집을 보러 나오느라 중개업소 사장님의 휴대폰 번호를 받지 못해 사무실로 연락했으나 아직 사무실에 도착하지 않았는지 전화를 받지 않았다.

S 씨의 가족들은 어찌 해야 할지 난감했다. 잠시 더 기다려 보기로 했다.

상담을 하다 보면 집은 다 인연이 있다는 말을 자주 듣게 된다. 정말 그렇게 느껴질 때도 있다. S 씨 가족이 보러 갔던 반지하 빌라도 그런 집이었다. S 씨 가족은 중개업소 사장님을 기다리면서 잠깐 마당에 있는 평상에 누웠다. 잔잔한 바람이 목을 간지럽히고 청록빛 단풍잎들 사이로 초가을의 하늘이 어른거렸다. 그렇게 가을 하늘을 바라보던 S 씨 가족이 평상에서 깜빡 잠이 들었다. 나중에 다시 온 중개업소 사장님은 S 씨 가족에게 이 집이 인연인 것 같다고 했고, S 씨 가족은 그 집과 3년 동안의 인연을 맺게 된다.

S 씨 가족이 저마다 그 집을 기억하는 방식은 달랐다. S 씨는 그 집 마당과 앞집 마당이 주는 계절의 변화를 기억했고, S 씨의 아내는 그 집 마당 평상에서 주변 이웃들과 함께했던 추억을 기억했다. 아이들은 마당에서 물놀이했던 기억들과 가끔 찾아와 문을 두드렸던 고양이들과의 추억을 잊지 못하고 있었다.

기억의 기준은 달랐지만 가끔 지난 추억을 떠올릴 때면 어김없이 그 빌라에 살던 얘기를 꺼낸다.

S 씨 가족은 반지하 빌라에 살면서도 집이 주는 행복에 젖어 살았다고 했다. S 씨는 떠나온지 한참 되었지만 아직도 그 빌라에 살았던 사람들과 소중한 인연을 이어가며 가깝게 지내고 있다고 한다.

그런 S 씨에게 단독주택에 살 수 있는 기회가 찾아온다. S 씨의 아내는 다시 아파트로 돌아가고 싶어했지만 S 씨의 간곡

한 부탁에 어렵게 단독주택에 사는 것을 허락했다. 그렇게 S 씨 가족은 서울에서 난생 처음 단독주택 살이를 시작하게 되었다. 관리하기 적당한 마당도 있었다. 마당에는 소나무 두 그루와 살구나무 한 그루, 모과나무 한 그루가 서 있었다. 오래된 담장 은 장미 덩굴이 감싸고 있었다.

단독주택 살이를 결정할 때 가장 큰 고민은 노후화된 주택 을 어떻게 리모델링할 것인가였다. S 씨가 매입한 단독주택은 45년 이상 경과된 주택이었기 때문에 대대적인 수리와 수선이 필요한 상황이었다. 다음으로는 난방비 등 관리비의 문제였고, S 씨의 아내가 가장 중요하게 생각한 것처럼 보안 문제도 해결 해야 할 과제였다.

단독주택을 매입할 경우 이런 점을 꼼꼼하게 체크해야 한 다. 매입 비용에 매매금액과 중개수수료 및 등기비용만 고려해 서는 안된다. 수리 등 인테리어 비용, 보안시스템 설치를 위한 비용 등도 감안해야 한다. S 씨의 경우 완벽하게 리모델링을 하 지는 못했지만 단독주택의 특성을 살려 전원 분위기를 연출할 수 있게끔 리모델링을 했고, 아내가 원하는 대로 보안시스템도 갖췄다. 관리비도 염려했던 것보다는 많지 않았다. 창호와 단 열공사를 해서 난방비를 절감할 있었고, 전기 배관 등을 교체 해서 주기적으로 발생할 수 있는 관리비를 절감할 수 있었다. S

씨 부부는 평상시 지출되는 주택 관리비 보다 '단독주택 살이'
의 기쁨이 훨씬 크다고 했다.

앞서 이야기한 것처럼 로망이 일상이 될 수는 없다. 단독주
택에 살기 위해서는 부지런해야 한다. 마당의 화단에 물도 줘
야하고 떨어진 낙엽들이 지붕의 우수관과 물길을 막을 수도 있
기 때문에 가끔씩 청소도 해줘야 한다. 봄이면 웃자란 나뭇가
지 전지 작업도 해줘야 하고, 겨울이 되면 짚단으로 나무들을
감싸줘야 한다.

S 씨는 단독주택을 살아보니 힘든 점도 있었지만 단 한 번
도 후회해 본 적이 없었다고 했다. S 씨는 이 모든 것들을 집에
대한 추억을 쌓아가는 과정이라고 생각하고 있었다.

S 씨의 아내도 처음에는 단독주택 살이에 적응하지 못해 힘
들어 했는데 이제는 S 씨보다 더 집을 사랑하게 되었다고 한다.

40대 중반에 단독주택 살이의 꿈을 이룬 S 씨. 그 사이 아
파트 가격은 천정부지로 치솟아 이재의 관점에서 보면 실패한
사례라고 할 수 있겠지만, 이재를 통해 얻지 못하는 것들을 S
씨의 가족은 몸소 체득해 가고 있다.

한 가족의 소중한 추억과 시간의 저장소가 된 S 씨의 집.

집은 그런 것이어야 한다. S 씨의 가족은 돈으로는 결코 살
수 없는 '그 집'이 주는 가치를 알고 있었고, '그 집'의 가치를 마
음으로 계산할 줄 아는 사람들이었다.

TIP

「리모델링 · 인테리어 · 홈스테이징」의 차이

구 분	내 용
리모델링 (Remodeling)	리모델링은 기본 골조를 유지하면서 건물의 노후화를 억제하거나, 그 기능을 향상시켜 건축물의 물리적 · 사회적 수명을 연장시키는 것을 말한다. 리모델링 · 리노베이션 · 리폼 등의 용어가 혼용되어 쓰이나 '리모델링'이란 용어가 가장 보편화되어 있다. 리모델링은 유지 · 보수 · 개수로 나눌 수 있다. ① 유지는 각종 시설 점검 및 관리를 통해 건축물의 기능 저하를 늦추는 것이다. ② 보수는 수리 · 수선활동을 통해 진부화된 건축물의 기능을 회복시키는 것이다. ③ 개수는 건축물에 새로운 기능을 부가해 건축물의 기능을 고도화하는 것이다.
인테리어 (Interior)	인테리어는 건축적인 측면 보다는 내부 디자인에 중점을 둔 개념으로 볼 수 있다. 인테리어 하면 흔히 도배 · 장판 시공, 마루 · 싱크대 · 타일 시공 등을 떠올리는데 이러한 것 외에 가구 · 조명 · 커튼 등을 통한 공간 활용을 효과적으로 개선하는 것도 인테리어에 해당한다. 홈스테이징과 유사하지만 공간구성이 자유롭다. 단 홈스테이징에 비해 비용이 많이 든다.
홈스테이징 (Home Staging)	홈스테이징은 매도인이 순조롭게 매매를 진행하기 위해 사용하는 전략이다. 페인트칠 및 가구 재배치, 간단한 소품 등을 활용해 실내 공간을 재연출 하는 것이다. 리모델링보다는 가벼운 개념이며, 적은 비용으로도 주택의 가치를 상승시킬 수 있는 방법이다. 홈스테이징은 2000년대 초반 미국과 캐나다에서 주목받기 시작했다. 국내에서도 홈스테이징이 알려지면서 '매매주택연출가'가 새로운 직업으로 등장했고, 2014년 정부의 신직업 육성 추진계획에 따라 매매주택연출가가 민간육성 분야로 선정 되었다.

[참고] 레이어드 홈(Omni-Layered Homes)

레이어드 홈은 김난도 서울대 소비자학과 교수가 코로나19 시대에 부상한 2021년 신축년 10대 트렌드' 중 하나로 꼽았다. '단순 주거라는 집의 기본 역할에 일과 여가 등 새로운 기능들을 더한 공간으로의 진화'라는 뜻을 담고 있다. 여러 옷을 겹쳐 입는 '레이어드 룩'처럼 집의 기본 역할에 새로운 기능들이 레이어(층)처럼 더해지면서 무궁무진하게 변화하는 현상을 가리킨다.

레이어드 홈은 1인가구의 증가와 홈퍼니싱(집 꾸미기) 열풍 등으로 지속적으로 주목을 받아온 분야다. 코로나19로 인한 집콕 생활이 늘면서 휴식과 주거의 역할이 기본이었던 집이 홈스터디, 재택근무, 홈트레이닝, 홈카페, 홈캠핑, 홈가드닝, 홈파밍 기능 등을 하는 공간으로서 그 개념이 확장되었다. 예컨대 홈캠핑족들은 집 안의 마당이나 옥상 · 베란다 등의 공간을 캠핑장처럼 꾸며 집에서 캠핑을 즐기며, 홈트족들은 집에 운동기구를 배치해 헬스장을 가지 않고도 운동을 할 수 있도록 공간을 배치한다.

(시사상식사전에서 발췌 · 정리, pmg 지식엔진연구소).

단독주택(토지 또는 건물) 매입 시 알면 알수록 이로운 내용

1. '토지이용계획확인서'를 꼼꼼하게 확인해야 한다.

아파트나 연립주택 등 공동주택을 매입하는 경우에는 크게 신경 쓰지 않아도 되지만 토지(단독주택 및 근린생활시설)가 딸린 부동산을 매입하는 경우에는 토지이용계획확인서를 꼼꼼하게 살펴봐야 한다. 특히 신축을 고려하고 있다면 토지이용계획확인서를 통해 제한 사항을 필히 확인해야 한다. '지역 · 지구 등 지정여부' 란에 관련 제한사항이 기재되어 있다. 이를 간과하고 계약한다면 평생 후회할 일이 생길 수도 있다.

2. 측량은 필수다. 백만 원 아끼려다 내 땅 영영 못찾는다.

주택 등을 매입하는 경우 측량을 생략하는 경우가 대부분이다. 필자의 경우에도 그런 사례가 있었다.

주택을 매입하고 잔금까지 지급했는데 아무리 봐도 대지 면적이 등기사항전부증명서에 기재된 면적보다 작아 보여 측량을 의뢰했다.

안타깝게도 30㎡가 넘는 면적이 주택 앞 도로에 편입되어 있었다.

잔금까지 치른 상황이라 어쩔 수 없었지만 이 사실을 미리 알았더라면 매매가격 조정도 가능했을 것이다.

때늦은 후회를 했지만 돌이킬 수 없는 상황이었다. 공동주택이 아닌 토지나 주택을 매입할 경우 측량은 필수다. 측량비 백만 원 아끼려다 내 땅 영영 못찾을 수도 있다.

※ 지적측량을 위한 신청방법 및 절차는 간단하다. 단, 일정에 따라 신청 후 보름 정도 소요될 수도 있으므로 이를 감안하여 측량을 신청해야 한다.

※ 신청방법
① 방문: 지적측량접수창구 시 · 군 · 구청 민원실
② 인터넷: 지적측량바로처리센터(http://baro.lx.or.kr/)
③ 전화: 바로처리콜센터(1588-7704)

3. 토지나 건물은 목적에 맞게 매입해야 한다.

토지나 건물은 목적에 부합한 부동산을 매입하는 것이 중요하다. 주거지역은 전용주거지역과 일반주거지역, 준주거지역으로 나뉜다. 예를 들어 신축을 염두에 두고 토지를 매입한다면 전용주거지역 보다는 일반주거지역을, 일반주거지역 보다는 준주거지역을 선택하는 것이 건폐율이나 용적률 측면에서 유리하다.

단 쾌적한 주거환경을 원한다면 당연히 전용주거지역을 선택해야 한다. 용도지역 중 주거지역의 특징을 간략하게 정리하면 다음과 같다.

〈용도지역별(주거지역) 건폐율과 용적률〉

용도지역			건폐율 (이하)	용적률 (이하)
전용주거지역 : 양호한 주거환경을 보호		제1종전용주거지역: 단독주택 중심	50%	100%
		제2종전용주거지역: 공동주택 중심	50%	150%
주거지역	일반주거지역 : 편리한 주거환경을 조성	제1종일반주거지역: 저층주택 중심(4층 이하)	60%	200%
		제2종일반주거지역: 중층주택 중심	60%	250%
		제3종일반주거지역: 중고층주택 중심	50%	300%
	준주거지역 : 주거기능을 위주로 이를 지원하는 일부 상업기능 및 업무기능을 보완하기 위하여 필요한 지역		70%	500%

＊건폐율(Building Coverage)

대지 면적에 대한 건물의 바닥 면적의 비율이다. 용적률과 함께 해당 지역의 개발밀도를 가늠하는 척도로 활용한다. 건폐율은 「국토의 계획 및 이용에 관한 법률」에서 정한 범위 안에서 특별시 · 광역시 · 시 또는 군의 조례로 정한다. 다만, 지구단위계획을 수립하는 등 필요한 경우 이를 완화하여 적용할 수 있다.

$$건폐율 = \frac{건축면적}{대지면적} \times 100$$

＊용적률(Floor Area Ratio)

대지 면적에 대한 건물 연면적(延面積)의 비율이다. 연면적은 하나의 건축물 각 층의 바닥면적의 합계로 「건축법」에 의해 정의되고 있다. 연면적에는 원칙적으로 모든 층의 바닥면적이 포함 된다.

예를 들어 지상 3층인 건축물이 있다고 할 때 각 층의 바닥면적이 100㎡라고 하면 이 건축물의 연면적은 300㎡이다. 여기에서 바닥면적이란 건축물의 각 층 또는 그 일부로서 벽이나 기둥 등의 중심선으로 둘러싸인 부분의 수평투영면적을 말한다.

다만, ①지하층의 면적 ②지상층의 주차용(해당 건축물의 부속용도인 경우만 해당)으로 쓰는 면적 ③초고층 건축물과 준초고층 건축물에 설치하는 피난안전구역의 면적 ④건축물의 경사지붕 아래에 설치하는 대피공간의 면적은 용적률을 산정할 때에 제외한다.

용도지역·용도지구별 용적률의 최대한도는 관할 구역의 면적과 인구 규모, 용도지역의 특성 등을 고려하여 「국토의 계획 및 이용에 관한 법률」에서 정하고 있다. 다만, 지구단위계획을 수립하는 등 필요한 경우 이를 완화하여 적용할 수 있다.

$$\text{용적률} = \frac{\text{지상층 연면적}}{\text{대지면적}} \times 100$$

건물주가 된 M 씨의
은퇴 준비 성공기

19

살고 있는 동네마다 랜드마크가 되는 건물이 있다. M 씨가 살고 있는 동네에서 랜드마크는 M 씨의 건물이다. M 씨의 건물은 버스정류장 앞에 있지도 않고, 요즘 흔하게 볼 수 있는 커피숍이나 편의점 하나 입점해 있지도 않다. 그렇다고 외관이 특이한 것도 아니다. 북한산 자락 아래 작은 실개천이 흐르는 동네 길가에 M 씨의 건물이 자리하고 있다.

아무 생각없이 걷다 보면 발치에 빨간색 창문이 눈에 들어오는 곳, 약간 고개를 들면 검정색 창문에 시선이 머물면서 한 번쯤 올려다보게 되는 곳, 특별하지는 않지만 빨간색 창문과 검정색 창문이 조화를 이루면서 눈길이 가는 곳, 길을 가다 문득 '저런 건물 하나 있었으면 좋겠다'는 생각을 하게 만드는 곳, 그 건물의 주인이 M 씨다.

M 씨는 출퇴근길에 매일 그 건물 앞을 오갔지만 그 건물이 자신의 것이 될 줄은 몰랐다. 매물로 나온 것은 알고 있었지만 자금이 턱없이 부족해 매입할 엄두를 낼 수 없는 상황이었다.

그렇게 서너달이 흘렀다. M 씨는 그 건물 앞을 지날 때마다 건물을 매입하면 어떻게 리모델링을 할 것인지 머릿속에 그리기 시작했다. 출입구는 지금 있는 곳보다는 반대 쪽으로 내면 동선이 더 편할 것 같았고, 밋밋한 색상이라 눈에 띄지 않으니 빨간색 창문을 내면 건물에 생기가 돌 것 같았다.

지금은 리모델링해서 사무실로 사용 중인 주차장 옆 창고는 어떻게 꾸밀 것인지, 임대는 어떻게 줄 것인지를 고민했다. 그런 생각을 할 때면 마치 M 씨의 건물이 된 것처럼 마음이 설레었다.

그렇게 행복한 상상을 하는 사이 또 시간이 흘렀다. 2008년 시작된 금융위기[1] 이후 침체기에 접어든 부동산 시장은 좀처럼 회복될 기미가 보이지 않았다. 그 여파로 하우스푸어가 양산되었고, 매물이 쌓여가고 있는 상황이었다. 매도자는 매도하고 싶어도 몇 년 동안 매매되지 않았고 매수자는 추가 하락이 걱정돼 선뜻 매수를 결정할 수 없는 시기였다.

M 씨의 건물이 매물로 나온 2015년 봄은 부동산 시장이 막 침체기를 벗어나려고 기지개를 켜던 시기였지만 선뜻 매입을 결정하지 못하고 다들 눈치만 보고 있었다.

M 씨는 결국 건물을 매입하기로 결심한다. 남편의 정년을 헤아려보니 불과 몇 년 뒤였다. 노후를 위해 거주 주택 외에 다세대주택이하 빌라 한 채를 보유하고 있었지만 경제적인 측면에서 노후를 안정적으로 보내기에는 부족한 상황이었다.

용기를 내어 건물 매입을 결정했지만 문제는 턱없이 부족한 자금이었다. 건물을 담보로 대출을 받고 남편 명의로 신용대출을 최대한 받는다 해도 자금이 부족했다. 건물이 완공된 지 13년 이상 경과되었기 때문에 리모델링 비용도 꽤 필요했다. 계산기를 몇 번씩 두드려봐도 건물 매입비용 12억 원에 리모델링 및 취득세 등 각종 제비용 등에 필요한 자금을 추가하면 최소 14억 원 이상이 필요했다.

M 씨의 고민은 다시 시작되었다. 아무리 생각해도 현재 계약금 정도만 준비해 놓은 상황에서 12억 원에 나온 물건을 매입하는 것은 부담스러운 일이었다. M 씨는 매일 잠을 이룰 수 없을 만큼 깊은 고민에 빠졌다. 그런 M 씨에게 용기를 준 것은 옆에서 이 모습을 조용히 지켜보고 있던 M 씨의 남편이었다. 전적으로 M 씨의 안목을 믿는다며 도전해 보자는 것이었다.

남편의 격려에 용기를 얻은 M 씨는 다음 날 노후를 위해 준비해놨던 빌라를 매도하기로 결정하고, 떨리는 마음으로 건물의 매매계약서를 작성한다. M 씨의 인생에서 손꼽히는 가슴 벅찬 날이었다. 부동산에도 인연이 있다는 말을 몸소 깨달은 날이기도 했다. 지금까지 매도되지 않고 M 씨를 기다려준 것에 감사했다. 이후 M 씨는 미리 알아봤던 부동산 담보대출과 신용대출, 그리고 빌라 매매 대금으로 잔금을 치르고 세상 부러울 것 없는 건물주가 된다.

M 씨가 매입한 건물 현황

소재지	주용도	대지면적	연면적	매매가	매입시기
서울시 종로구	근린생활시설 (사무실 및 주택)	162㎡ (약 49평)	451.48㎡ (약 136.6평)	12억 원	2015.10.22.

M 씨는 건물을 매입한 후 리모델링을 시작한다. 매일 오가면서 정리했던 생각들을 실행에 옮긴 것이다. 자금이 부족했지만 매입 후 리모델링을 하지 않으면 본인이 생각했던 옷을 건물에 입힐 수 없을 것 같았다. M 씨는 평소 건물도 사람처럼 어떤 옷을 입느냐에 따라 달라질 수 있다는 생각을 갖고 있었다.

주변에서는 '얼마나 돈이 많기에 멀쩡한 건물을 수리하느냐'고 수근거렸지만 M 씨는 아랑곳하지 않고 꿋꿋하게 본인의 생각을 건물에 입히기 시작했다.

빨간색 현관문과 창문은 건물의 포인트가 되었고, 검정색 창이 인상 깊은 2층도 사람들의 눈길을 끌기에 충분했다. 건물 전체를 리모델링한 것은 아니었지만 일부 리모델링을 통해서도 건물이 생동감 있게 되살아날 수 있다는 것을 보여주는 좋은 사례가 되었다.

무심코 지나가던 사람들이 가끔은 발걸음을 멈추고 건물을 바라보기 시작했다. 지금은 '나도 이런 건물 하나 있었으면 좋겠다'는 생각을 하게 만드는 많은 사람들이 소유하고 싶어하는 건물이 되었다.

최근 베이비붐 세대의 은퇴가 본격화되면서 베이비붐 세대의 은퇴 및 고령화가 미칠 사회·경제적 파장에 관심이 고조되고 있다. 국내 베이비붐 세대는 1955년에서 1963년 사이에 출생한 695만 명에 이르는 거대 인구집단으로 전체 인구의 14.5%를 차지하고 있다. 베이비붐 세대는 고령화[2]의 중심세대라 할 수 있다. 사회 안전망이 부족한 상황에서 베이비붐 세대의 은퇴 및 급속한 고령화는 여러 사회문제를 초래할 수 있다.

베이비붐 세대와 관련하여 가장 이슈화 되고 있는 것은 이들 세대가 은퇴한 후 안정적인 노후를 보내기 위해 노후자금을 어떻게 마련할 것인가이다. 베이비붐 세대는 은퇴한 후에도 경제적으로 자립하고 능동적인 경제 주체로 활동하기를 원하고 있지만 그들의 삶의 궤적을 따라가보면 노후자금을 확보하기 어려운 세대구조였다. 자녀 양육과 부모 봉양을 동시에 책임져야 했던 샌드위치 세대낀세대[3]로, 정작 본인들의 노후는 준비하지 못한 채 퇴직을 했거나 퇴직을 앞두고 있는 세대가 바로 베이비붐 세대이다.

M 씨 부부는 대표적인 베이비붐 세대다. M 씨가 건물 매입을 심각하게 고민했던 이유도 은퇴를 앞두고 있었던 남편 때문이었다. M 씨는 주택으로 임대 중이었던 1층과 2층을 리모델링

하여 상가로 임대 했고, 3층·4층·5층은 주택으로 임대 중이다. 지층은 주차장과 창고였으나 창고를 사무소로 용도 변경하여 효용을 극대화하였다.

현재 M 씨가 보유한 건물의 임대료는 월 425만 원이다. 남편은 은퇴했지만 M 씨의 경우 자영업자이므로 앞으로도 한동안 경제활동을 할 수 있고 남편의 연금과 월 임대료 등을 감안할 때 비교적 안정적인 노후 생활을 영위할 수 있을 것으로 보인다.

M 씨가 매입한 건물의 임대 현황

구분	주용도	임대현황	임대보증금	월임대료	비고
지하 1층	주차장	–	–	–	–
지하 1층	사무소	–	–	–	M 씨가 사무실로 이용 중
1층	기타 제2종근생	상가 임대	3천만원	145만원	–
2층	기타 제2종근생	상가 임대	3천만원	110만원	–
3층	다가구주택	주택 임대	1억4천만원	30만원	방 2개
4층	다가주택	주택 임대	1천만원	75만원	방 1개
5층	다가구주택	주택 임대	1천만원	65만원	방 1개
합계	–	–	2억2천만원	425만원	–

M 씨의 선택은 옳았다. 이후 부동산 시장은 서서히 상승하기 시작했다. 주변 산책로가 정비되면서 찾는 사람들이 많아

졌고, M 씨가 소유한 옆 건물에 병원과 약국이 입점하면서 유동인구도 많아졌다. 또한, 정체되었던 인근 재개발지역 사업이 속도가 붙기 시작하면서 주변 부동산 가격도 오르기 시작했다. M 씨가 소유한 건물의 가치도 지속적으로 상승하고 있다.

부동산은 매입할 타이밍과 매도할 타이밍이 있다. 당시 M 씨가 노후를 위해 마련해뒀던 빌라는 매도 타이밍이었다. 물론 지금까지 그 빌라를 보유하고 있었다면 가격이 상승했겠지만 M 씨는 건물주가 될 수 없었을 것이다. M 씨는 적절한 타이밍에 빌라를 매도했고 가장 적기에 건물을 매입했다.

여느 베이비붐 세대와는 다르게 M 씨는 미리 계획을 세워 차근차근 은퇴를 준비해 왔다. 어느덧 은퇴 이후를 위해 심어 놓은 나무 한 그루가 아름답게 자랐다. 이제 안정적으로 매월 수확할 수 있는 열매도 매달려 있다. 두려움이 컸기에 망설임도 길었지만 한 번의 옳은 결단이 인생 2막을 행복하게 맞이할 수 있는 기회가 되었다.

M 씨는 주변 친구들과 지인들이 모두 부러워하는 건물주이다. M 씨의 건물은 열 자녀 부럽지 않은 노년의 든든한 효자가 되었다.

1) 1850년 설립된 리먼브라더스는 골드만삭스, 모건스탠리, 메릴린치에 이어 미국 4위의 글로벌 투자은행이었다. 금융위기는 2008년 9월 15일 미국의 투자은행 리먼브라더스(Lehman Brothers)의 파산에서 시작된 글로벌 금융위기를 지칭하는 말이다. 일명 리먼 사태라고 한다. 리먼 사태는 서브프라임 모기지(Sub-Prime Mortgage, 비우량 주택담보대출)에서 촉발되었으며, 미국 역사상 최대 규모의 기업 파산이었다. 미국발 금융위기는 전세계로 급속히 확산 되었고, 국내 금융시장에도 영향을 미쳤다. 금융위기 이후 국내 부동산 시장은 하락기에 접어들게 되었다.

2) 고령화란 전체 인구에서 차지하는 고령자 비율이 높아지는 것을 말하며, 고령화율이란 65세 이상의 고령자 인구(노령인구)가 총인구에서 차지하는 비율을 의미한다. UN은 65세 이상의 인구가 4% 미만인 사회를 연소인구사회, 4%에서 7% 미만의 사회를 성숙인구사회, 7%를 넘는 사회를 고령화(aging)사회, 14%를 넘는 사회를 고령(aged)사회로 규정했다. 초고령사회는 만 65세 이상 노인 인구가 20% 이상인 사회로, 통계청은 2017년 고령사회가 된 우리나라의 초고령사회 진입을 2026년으로 예상했다.

3) 샌드위치 세대(Sandwich Generation): 부모와 자식을 함께 부양해야 하는 세대를 일컫는 용어로, 미국 사회학자 도로시 밀러가 1981년 처음으로 사용했다. 긴세대라고도 하며 일반적으로 베이비붐 세대를 지칭한다.

TIP

고령화 중심, 베이비붐 세대의 특성 분석

□ **베이비붐 세대의 은퇴, 이들이 미칠 파장에 관심이 고조되고 있다**

1955년에서 1963년에 출생한 1차 베이비붐 세대의 은퇴가 가시화됨에 따라 이 거대 인구집단의 은퇴와 고령화가 가져올 사회·경제적 파장에 관심이 고조되고 있다. 우리나라 인구의 14.5%를 차지하고 있는 베이비붐 세대는 고령화의 중심세대라 할 수 있다. 사회안전망이 부족한 상황에서 베이비붐 세대의 은퇴는 심각한 사회문제를 유발할 수 있다. 노동생산성 및 조세수입의 감소로 경제성장률이 저하되고, 사회보장을 위한 지출이 막대해져 국가재정의 악화를 초래할 수도 있다.

□ **베이비붐 세대는 이전 세대와 다르다**

베이비붐 세대는 높은 교육수준과 경제력을 바탕으로 이전 세대와는 다른 사회·경제·역사·문화적 경험과 가치관을 지녔다. 주거관 또한 이전 세대와 다르다. 우리나라 경제 성장의 동력이던 베이비붐 세대는 은퇴한 후에도 능동적인 경제주체로 활동하기를 원하고 있다. 다만, 주택 중심의 불균형한 자산 포트폴리오는 안정적인 노후자금을 확보하기 어려운 구조다.

□ **베이비붐 세대의 생각, 그들에게 직접 확인했다**

베이비붐 세대의 특성을 파악하기 위해 서울과 수도권에 거주하는 1차 베이비부머 680명에게 설문조사를 실시했다. 응답자 수는 560명. 이를 바탕으로 분석한 베이비붐 세대의 특성은 다음과 같다.

가장 먼저 눈에 띄는 대목은 베이비붐 세대 10명 중 8명(82.9%)이 은퇴 후 이주를 고려한다는 점이다. 이주를 고려하는 이유로는 '은퇴 후 안락한 노후생활을 위해서'라는 비율이 49.8%로 압도적이었다. '경제적 부담 때문'이라는 응답도 20.2%를 차지했다. 지금 사는 주택의 관리문제도 4.5%로 나타났다.

베이비붐 세대가 이주 시 고려하는 요인으로는 주변 환경이 53.2%로 가장 높았다. 주택가격(13.6%)과 규모(5.0%), 주택 유형(3.7%)은 주변 환경보다 영향이 작은 편이었다.

"전원주택에 살아보고 싶어요"

안락한 노후생활을 위해 이주하겠다는 비율이 높은 만큼 베이비붐 세대는 은퇴 후 전원주택이나 아파트에 거주하기를 원했다. 전원주택에 거주하고 싶다는 응답자가 42.9%로 가장 많았다. 아파트에 거주하고 싶다는 응답자 30.7%, 단독·다가구주택 13.0%, 연립·다세대 2.7% 순이었다. 노인 전용 시설이나 실버타운에 입주하고 싶다는 비율은 2.0%에 그쳤다. 이들 시설에 대한 인식이 긍정적이지 않다는 것을 간접적으로 확인할 수 있었다. 조사 대상자 중 아파트나 주상복합아파트에 거주하고 있다고 응답한 비율이 65.9%인 점을 감안하면 베이비붐 세대의 주거관이 변하고 있음을 시사한다.

연립/빌라/다세대 2.7%
노인시설/실버타운 2.0%
기타 8.7%
단독/다가구 13.1%
전원주택 42.9%
아파트 30.7%

"서울이나 서울 근교에 살고 싶어요"

만약 이주하게 된다면 '어디에 살고 싶냐'는 질문에 16.9%가 서울에 살고 싶다고 응답했다. 수도권에 살고 싶다는 비율은 48.6%, 지방은 34.5%였다. 서울 및 수도권에 거주하고 싶다고 응답한 비율이 65.5%로 월등히 높았다. 이는 베이비붐 세대의 라이프스타일이나 가치관과 무관하지 않다. 베이비붐 세대는 은퇴 후에도 의료 및 복지 혜택을 충분히 누릴 수 있고, 문화와 교육 등 여가활동이 가능하며, 가족들이 살고 있는 곳 가까이에 거주하기를 원했다.

"이왕이면 내 집에서 살고 싶어요"

은퇴 후 주택 소유 유형을 묻는 질문에는 응답자의 92.3%가 자가(自家)에 거주하기를 희망했다. 조사 대상 중 현재 자가에 거주하고 있다는 응답자 비율 81.1%에 비해 10% 이상 높은 수치다. 안정적인 노후를 보내고 싶어 하는 베이비붐 세대의 특성 및 주거관이 반영된 결과로 해석된다.

"대출도 상환해야 하고, 자녀 교육과 결혼도 시켜야 해요"

베이비붐 세대의 향후 목돈 지출 예상 요인은 자녀와 관련된 항목이 가장 높게 나타났다. 자녀의 교육자금이 19.8%, 결혼자금이 19.3%로 두 항목의 합계가 39.1%나 차지했다. 채무 상환도 32.5%로 높은 편이었다. 베이비붐 세대가 가계부채에서 자유롭지 못하다는 것을 의미한다.

반면, 부모 부양비는 1.1%에 불과했다. 흔히 베이비붐 세대를 노부모 부양과 자녀 양육이라는 이중 부담에 힘들어하는 '낀 세대(sandwich generation)'로 생각하고 있다. 응답자의 상황에 따라 다를 수 있겠지만 부모 부양에 대한 부담은 상대적으로 낮은 편이었다. 부모 부양은 한 사람이 책임지기 보다는 가족 구성원 모두가 책임을 분담하는 것으로 사회적 분위기가 형성 되고 있는데 이런 상황이 반영된 것으로 보인다.

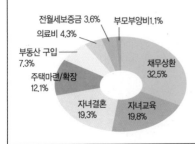

전월세보증금 3.6%
부모부양비1.1%
의료비 4.3%
부동산 구입 7.3%
주택마련/확장 12.1%
자녀결혼 19.3%
자녀교육 19.8%
채무상환 32.5%

노후에 자녀와 함께 살 의향을 묻는 질문에는 80.7%가 '같이 살고 싶지 않다'고 응답했다. 자녀와 함께 거주하기를 희망하는 비율은 19.3%에 그쳤다.

노후에 자녀에게 재산을 증여·상속할 의향에 대해서는 63.2%가 '물려주고 싶다'고 응답했다. '물려주고 싶지 않다'고 답변한 비율도 36.8%로 높게 나타났다.

베이비붐 세대의 노후 준비는 낙제점이었다. 노후 준비를 못하고 있다는 비율이 24.4%에 달했다. 50세 이후부터 노후 준비를 하고 있다고 응답한 비율도 23.4%였다. 노후를 준비하고 있다고 응답한 베이비붐 세대도 기대여명 등을 반영한 체계화된 노후 준비라고는 볼 수 없는 수준이었다.

베이비붐 세대는 은퇴 후 독립적인 노후생활을 원하고 있지만 자녀 교육비나 결혼자금 지원도 고려하고 있다. 은퇴 준비가 매우 부족한 실정에서 이러한 자녀관은 은퇴 후 가계의 지출 규모를 증가시켜 노후생활을 저해하는 위험요소로 작용할 수 있다.

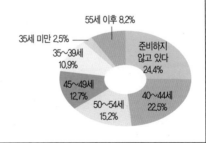

189

"베이비붐 세대는 향후 주택시장에 영향을 미칠까?"

응답자의 51.1%가 '은퇴 후 주택을 처분할 것'이라고 답했고, '처분 의사가 없다'는 응답자도 48.9%에 달해 의견이 팽팽하게 맞섰다.

주택시장 안정기에 설문을 했고 그 결과를 토대로 분석한 자료이므로 부동산 시장이 급등하고 있는 최근 상황과는 맞지 않을 수도 있다. 동일한 내용으로 다시 설문을 한다면 다른 결론이 도출될 수도 있다는 의미다.

눈여겨볼 대목은 베이비붐 세대 2명 중 1명이 은퇴 후 주택을 처분할 의향이 있다고 답했다는 것이다.

베이비붐 세대는 고령화의 중심세대이므로 이들의 주거관은 주택시장 변화에 영향을 미칠 수 있는 요인이다.

베이비붐 세대는 총자산 중 주택 자산의 비율이 높다. 따라서 은퇴 후 가처분소득이 감소해 가계 유동성이 악화될 경우 주택 매도에 나설 수도 있다.

"그렇다면 어떻게 해야 하나요?"

주거 공급 형태를 다변화할 필요가 있다. 전원살이를 원하는 이들을 위한 세제 개편안 마련, 귀농·귀촌을 위해 지자체 등에서 택지를 조성해 공급하고 지원하는 방법, 세대 분리형 주택 등 베이비붐 세대의 주거 니즈를 반영한 신개념 주택의 개발 및 공급이 필요해 보인다.

아울러 미리 은퇴를 준비할 수 있도록 다양한 교육프로그램 마련도 시급하다. 일부 금융기관에서 은퇴연구센터 등을 설립하고 금융 및 비금융서비스를 제공하고 있지만 국가 차원에서 은퇴연구소 등을 설립하여 재무 및 비재무적인 컨설팅 및 교육이 제공 되어야 한다.

경제적인 측면에서는 베이비붐 세대가 보유한 주택을 활용한 역모기지 상품의 상품성 개선 및 효용성 극대화 방안도 모색 되어야 한다. 개인적인 생각을 첨언하면 확대 해석한 것인지는 모르나 베이비붐 세대가 안정적으로 노후를 보낼 수 있어야 대한민국 경제의 안정성도 확보할 수 있다고 생각하기 때문이다.

※ 본 자료는 필자의 논문 〈베이비붐 세대의 라이프스타일 유형에 따른 주거 특성 연구〉에서 발췌하여 정리했습니다.

---

* 지방 인구감소와 고령화 등으로 부각되고 있는 지방소멸 문제 등을 고려하여 전원주택 및 농가주택의 경우 보유세(재산세와 종합부동산세가 대표적인 보유세임) 및 양도세 감면 또는 면제 혜택을 부여하는 등 효율적인 정책이 필요해 보인다.

* 유선종·노민지의 「지방소멸 어디까지 왔나?」에 따르면, 2015년 인구주택총조사 결과 인구 수 3만 명 이하의 시·군·구가 19개, 인구 수 1천 명 이하의 읍·면·동도 40개나 존재한다고 한다. 가구 수 1천 호 미만의 읍·면·동은 420개, 주택 수 1천 호 미만의 읍·면·동은 377개나 존재하는 것으로 나타나 지방의 과소화와 공동화는 심각한 수준이다. 지방의 과소화와 공동화가 심화되는 것은 지방의 인구감소와 고령화 등 인구구조의 급격한 변화에 기인한다. 이러한 변화는 지방의 성장기반과 생활여건을 악화시키고 지방의 소멸로 귀결될 우려가 있다고 내다봤다(유선종·노민지, 2018.1., 「지방소멸 어디까지 왔나?」, 매일경제신문사).

왜 우리 집만 안오르나요?

"익숙함에서 오는
친절함과 결별하세요!"

20

"왜 우리 집만 안오르나요?"

상담을 의뢰하는 사람들에게 많이 받는 질문 중 하나이다. 주변 집값은 상승하는데 유독 본인이 살고 있는 곳은 집값이 멈춰 있다는 것이다. 요즘같은 부동산 활황기에도 상승폭이 크지 않고 부동산 정체기에는 타 지역보다 정체 기간이 길다고 했다. 거기에 덧붙이는 말이 있다.

"우리 동네만큼 살기 좋은 곳도 없는데… 집값은 왜 그럴까요?"

그런 질문을 받을 때마다 나의 답변은 한결같다.
"익숙함에서 오는 친절함과 결별하세요!"

그렇다면 익숙함에서 오는 친절함이란 무엇일까?

아는 지인 중에도 그런 사람이 있었다. 집값만 올라주면 평생 그 동네에서 살고 싶은데 집값이 상승하지 않아 이사를 고민하고 있다고 했다. 사실 오르지 않았던 것은 아니다. 상대적으로 오름폭이 크지 않았던 것이다. 서울 다른 지역에 집을 구입했던 친구들은 수억 원씩 상승했는데 본인이 살고 있는 지역의 집값만 제자리 걸음을 하고 있다고 투덜댔다.

이유를 궁금해하는 지인을 위해 살고 있는 동네에 함께 가

보자고 했다. 마침 주말에 출근할 일이 있어 서둘러 일을 마치고 지인이 운전하는 차를 타고 살고 있는 지역으로 이동했다.

차로 40분 이상 이동하는 동안 지인은 살고 있는 지역과 집에 대한 자랑을 늘어놓기 시작했다. 조용히 지인이 하는 말을 듣고만 있었다. 차가 아파트 단지에 들어섰는데도 지인은 멈추지 않고 동네 자랑을 이어갔다. 단지 내 상가에 있는 슈퍼 사장님 아들이 작년에 대기업에 입사했고, 약국 사장님은 딸이 음대 졸업 후 해외 유학 중이라 경제적으로 여유가 없는 상황이며, 입주 때부터 중개업소를 시작한 부동산 중개업소 사장님의 자녀가 이번에 Y 대학에 합격했다고 했다. 15년 이상 한 곳에서 세탁소를 운영해왔던 노부부는 얼마 후면 세탁소를 정리하고 고향에 집을 지어 내려간다는 것까지 이웃들의 속사정을 속속들이 꿰고 있었다.

10년 이상 함께했던 이웃들이니 그 정도의 정보는 왕래하면서 자연스럽게 오갔던 대화의 주제였을 것이다. 워낙 붙임성 있는 성격이다 보니 이웃들과도 좋은 관계를 형성하고 있었다.

지인의 집에 들어서자 산 조망이 시원하게 눈에 들어왔다. 연둣빛 물감을 풀어놓은 듯 갓 새순을 틔운 나무들이 빼곡하게 들어서 있었다. 창문을 열었더니 부드러운 봄 바람이 불어왔다. 연둣빛 나무들도 손에 잡힐 듯 가까이에 보였다. 지인이 그 동네에 살고 싶은 이유는 설명을 듣지 않아도 충분히 알 수 있었다.

"이렇게 좋은 곳인데 왜 집값이 오르지 않을까요?"

이유는 간단했다. 그 동네에 익숙해져 있는 지인에게는 살기 편한 곳이었지만 교통 및 교육 환경, 주변의 편의시설 등을 종합적으로 고려해 봤을 때 지인의 아파트 단지는 주거지로 입지가 양호한 편은 아니었다. 한걸음만 물러서서 냉정하게 바라본다면 가격 상승의 한계가 있다는 것을 바로 알 수 있는 곳이었다.

집은 슈퍼에 진열되어 있는 부동산처럼 순간적으로 매입을 결정할 수 있는 것이 아니다. 평생 동안 모은 재산이 투입되기 때문에 집을 매매하는 것은 그만큼 어려운 것이고 선택을 위해 몇날 며칠을, 때로는 몇 달 몇 년을 고심할 수밖에 없다. 거주의 목적이라 하더라도 이왕이면 주택가격이 상승할 수 있는 곳을 선택하고 싶은 것은 누구나 같은 마음일 것이다.

행복의 지향점은 저마다 다르다. 어떤 이는 집값에 연연하지 않고 한 곳에 머물면서 편안하게 살고 싶어한다. 어떤 이는 조금 불편하고 힘들더라도 몇 년 후 주거 환경이나 경제적인 측면에서 유리하다면 이를 감내하기로 하고 그곳으로 이사를 한다. 어떤 이는 교육을 목적으로 이사하기도 한다. 편안함을 추구할 것인지, 경제적인 이득을 취할 것인지, 자녀의 교육을 먼저 생각할 것인지의 판단은 순전히 본인의 몫이다.

지인에게 그 집은 각별한 의미가 있었다. 아내와 함께 어렵게 마련한 첫 집이었고, 아이들과의 추억이 쌓여 있는 곳이었다. 10년을 살았으니 눈을 감고도 집을 찾아갈 수 있을 정도로 모든 것이 익숙한 동네였다.

그렇지만 지인은 그 동네를 떠났다. 익숙함과의 결별을 위한 시간이 삼년 남짓 걸렸다. 처음엔 아내를 설득해야 했고, 두 번째는 학교에 다니는 두 자녀를 설득해야 했다. 아내와 자녀들도 친절했던 이웃들 및 친구들과의 결별이 쉽지만은 않았다.

지인은 마음을 강하게 먹었고 결국 재개발지역에 투자하여 현재 신축 아파트에 살고 있다. 최근 주택가격이 요동치면서 지인의 집값도 상상을 초월할 정도로 급상승했다.

지인은 평생 한우를 사겠다던 약속은 지키지 않았지만 가끔 전화를 걸어 그때의 일을 떠올리며 고마워한다. 그때 익숙함과 결별을 선언하지 않았다면 아직 그 동네에 살고 있었을 것 같다고 했다. 지인은 삼년이란 시간이 걸렸지만 다행히 실행에 옮겼고, 주변 이웃들과 아쉬운 이별을 했지만 지금은 새로운 곳에서 또 다른 이웃들과 행복한 삶을 이어가고 있다.

"왜 우리 집만 안오르나요?"

앞서 이야기 했지만 그 질문에 대한 답은 하나다.

"익숙함에서 오는 친절함과 결별하세요!"

한 곳에 정착해서 편안하게 살고 싶다면 익숙함에서 오는 친절함과 결별할 필요가 없다. 그러나 다른 지역보다 집값 상승폭이 낮아 고민하고 있다면 익숙함에서 오는 친절함과 과감하게 결별해야 한다.

거주와 투자를 분리할 수 있다면 좋겠지만 지인의 사례처럼 일반적인 사람들이 거주와 투자를 분리하기란 쉽지 않은 일이다. 때로는 아쉬운 결별도 필요하고, 때로는 상황에 따라 몸테크도 필요한 법이다.

주거 신계급주의를 아시나요?

21

부동산 컨설팅을 하다 보면 자연스럽게 받는 질문 중 하나가 '그럼 어디에 사세요?'이다. 컨설팅을 할 정도면 '당신은 부동산 투자에 성공했느냐?'고 넌지시 던지는 질문이다.

사는 곳에 대해 답변하면 사람들의 눈빛에 실망이 어리는 것이 느껴진다. 속으로는 '내가 당신보다 더 낫네'라고 생각하는 사람도 있을 것이고, '너나 잘 하세요'라며 상담 내용을 귀담아 듣지 않는 사람도 있을 것이다.

한강 이남에 있는 고급 아파트나 재건축 아파트에 사는 것도 아니고, 그렇다고 개발 이슈로 핫한 용산이나 한남동에 사는 것도 아니기 때문에 그렇게 생각하는 것이 어쩌면 당연한 것일지도 모른다. 많은 사람들이 부동산 투자의 성공 여부를 가늠할 때 '어디에 사느냐'와 '어디에 투자했느냐'를 중요하게 여긴다.

안타깝게도 집이 신분의 일부가 되었다. 거주 지역과 거주 주택, 거주 형태에 따라 그 사람을 바라보는 눈빛이 달라진다. 주택으로 인한 신계급주의가 만들어진 것이다.

기성세대들로 인한 것이겠지만 초등학교 아이들까지 주택으로 인한 신계급주의에 젖어드는 것 같아 안타깝다. 식탁에서 오가는 부모의 대화를 듣고 월세, 전세, 자가의 의미를 자연스럽게 알게 된 아이들이 '자가'와 '월세'나 '전세' 사는 아이로 친구를 구분한다는 말을 들을 때마다 가슴이 먹먹해진다.

과거에도 주택으로 인한 계급주의는 존재했었다. '어디에 사느냐'에 따라 그 사람을 대하는 시선과 태도가 달랐다. 청담 동에 사는 사람이나 타워팰리스에 사는 사람들은 선망의 대상 이었다. 과거의 경우 소수에 국한된 것이었고, 주택 계급주의 를 인식할 수 없는 수준이었다. '잘 사는 사람들'이라고 생각하 거나 '부러움의 대상' 정도로 여기는 수준이었다.

요즘들어 확산되고 있는 주거 신계급주의는 주택가격이 급 등하면서 생겨났다. 일례로 KB국민은행의 주택가격동향 통계 에 따르면 2020년 주택 매매가격은 전년 대비 8.4% 상승했다. 2006년11.6% 이후 14년 만에 가장 큰 상승폭이었다. 팬데믹으로 소득은 줄어들거나 제자리 걸음인데 주택가격은 급등하였고 이 로 인해 주거지수는 악화 되었다.

문제는 이러한 주거 신계급주의가 일반화되어 가고 있다 는 것이다. 같은 아파트 단지 내에 살면서도 암묵적으로 월세 와 전세, 자가로 주거 보유 형태를 구분짓는 안타까운 일이 일 어나고 있다. 근래에는 '벼락거지'[1] 및 '이생망'[2] 같은 신조어까 지 등장했다.

주택은 소유 보다는 거주의 개념으로 바뀌어야 한다. 그것이 집에 대한 올바른 가치관이다. 금융위기 이후 주택가격이 안정화 되고 자연스럽게 조정기를 겪으면서 집에 대한 개념이 전환되는가 싶었다. 그러나 그러한 흐름은 그리 오래 가지 못했다.

최근 몇 년 사이 걷잡을 수 없이 상승한 주택가격으로 인해 영영 내 집 마련을 못할 것 같은 불안감에 '영끌'해서 집을 산다는 말까지 유행처럼 번졌다. 무주택자들, 특히 신혼부부와 30대의 경우 수 억씩 오른 집값 앞에 망연자실하고 있다. 내 집 마련은 '이 생에서 이룰 수 없는 꿈'이 되어버린 것이다. 인정하고 싶지 않지만 이것이 대한민국의 현주소이다.

그렇다면 주거 신계급주의는 누가 만들었을까?

정말 안타깝게도 주거 신계급주의를 만들어낸 것은 우리들 자신이다. 대표적인 명품 주거지로 손꼽히는 곳에 거주하는 사람들은 그들만의 이너서클이기 때문에 크게 문제되지 않았다. 따라서 상대적인 박탈감도 크지 않았다.

그러나 우리 스스로가 만들어낸 주거 신계급주의는 나와 당신, 그리고 우리 이웃들이 대상이다. 개인적으로 주거 신계급주의가 일시적인 현상이기를 진심으로 바라지만 우려했던 것보다 확대될 수 있다는 생각도 든다. 장기간 지속되다 보면 여러 가지 사회문제를 양산할 수도 있다.

과거에도 주거 계급주의는 존재했었다. 아파트 단지 내에 있는 초등학교에 단지 외부에 사는 아이들이 다니는 걸 원치 않았던 사람들이 있었고, 같은 아파트 단지지만 임대동에 대한 차별도 있었다. 완벽하게 해소된 것은 아니지만 우리 사회가 성숙해지면서 그런 문제들도 점차 사라지고 있다.

주거 신계급주의도 마찬가지일 것이다. 주택가격 급등으로 나타난 일시적인 현상이다. 주택가격이 조정기에 접어들면 자연스럽게 소멸될 수도 있다.

부동산도 흐름이 있기 때문에 끝없는 우상향은 있을 수 없다. 당분간은 상승과 하락을 반복하며 우상향 그래프를 그려나가겠지만 어느 순간 조정기를 거쳐 안정기를 맞이할 것이다.

현 정부가 다양한 주택 공급대책을 내놓으며 주택시장 안정화에 모든 정책의 초점을 맞추고 있기 때문이다. 주택시장 안정화에 공급만큼 좋은 처방약은 없다. 다만 공급에 시간이 걸린다는 것이 문제다. 2020년 상반기 코로나19가 확산 되면서 마스크 대란을 겪었지만 언제 그랬냐는 듯 마스크 대란이 수습되었다.

주택은 단기에 공급할 수 없기 때문에 마스크 대란처럼 단기에 해결될 수 없다. 공급대책을 내놓고 실입주하기까지 짧게는 5년 이상 소요되고 길게는 10년이 걸릴 수도 있다. 하방 경직성은 있겠지만 수요보다 주택의 공급이 많아지면 자연스럽게 조정기를 맞이할 것이고, 조정기가 길어지면 하락기가 찾아올 수도 있다.

잠깐 과거 기억을 떠올려보자. 90년대 상승하기 시작한 국내 부동산 시장은 외환위기를 지나면서 조정기를 맞았다. 2006년에는 천정부지로 치솟던 주택가격을 안정화 시키려고 다양한 규제와 제도들을 내놨지만 안정화 하는데 실패했다. 주택시장 안정화는 금융위기와 함께 찾아왔다.

그렇다면 금융위기가 주택시장을 안정화 시킨 것일까? 꼭 그렇지만은 않다. 노무현 정부 때부터 정부 차원에서 여러 방면의 공급대책을 내놨고, 그 효과가 금융위기와 맞물려 나타난 것이다.

최근의 상황은 어떠한가? 2017년 들어 주택가격이 급등하기 시작했고 현 정부도 주택시장을 안정화 시키기 위한 규제와 정책을 쏟아냈지만 백약이 무효했다.

이유는 간단했다. 수요는 많은데 공급이 제한적이었다. 공급 밖에 답이 없다는 것을 알았고, 결국 2021년 「2 · 4 부동산 대책」[3]을 내놓으면서 시장이 관망세로 돌아서는 듯 했다가 최근 다시 상승하면서 혼조세를 보이고 있다.

주택시장에 대한 관망세가 유지될 것인지, 진정세에 접어들 것인지, 다시 상승하여 공급이 실질적으로 이루어지는 입주 시점까지 상승기가 지속될 것인지는 아무도 모르는 일이다. 일시적인 현상이라고 방점을 찍는 전문가들도 있으나 다들 긴장하며 주택시장을 예의 주시하고 있는 이유는 그 어느 때보다도 주택시장의 향방을 가늠하기 어려운 시기이기 때문이다.

주거 신계급주의로 설움을 겪고 있는 사람들, 벼락거지가 된 설움으로 잠 못 이루는 사람들에게 조심스럽게 전하고 싶은 한마디가 있다.

집 없는 설움과 불안감 때문에 패닉바잉에 나서서는 안 된다고….

항상 '거주의 목적이라면 지금이라도 주택을 매입하라'고 했지만 지금은 때 타이밍를 기다리는 것이 답일 수도 있다고….

그 누구도 내일을 예측할 수 없지만 조심스럽게 그 말을 전하고 싶다.

1) 벼락거지: 최근 부동산과 주식 가격이 폭등하자 이를 보유하지 못한 사람들의 상실감을 자조적으로 일컫는 표현이다. 부동산과 주식 시장에 관심을 갖지 않았던 자신만 뒤쳐졌고, 하루 아침에 거지로 전락했다는 상대적인 박탈감을 표현한 말이다. 지속적으로 상승하고 있는 집값으로 겪는 우울증을 뜻하는 '부동산 블루'와 흐름을 놓치거나 소외되는 것에 대한 불안 증상인 '포모증후군' 등과 함께 등장한 신조어이다.

2) 이생망: '이번 생은 망했어'를 줄여 이르는 신조어로, 부정적이고 자조적인 의미를 가지고 있는 표현이다. 원래 20대 등이 사용하는 말이었으나 최근 주택가격이 급등하면서 주택을 구입할 수 없게 된 신혼부부 및 30대 등에서도 사용되고 있다.

3) 「2·4 부동산 대책('공공주도80+'대도시권 주택공급 획기적 확대방안)」은 정부가 주택시장 안정을 위해 한국토지주택공사(LH)와 서울주택도시공사(SH) 등 공공기관이 주도해 서울 등 수도권과 5대 광역시 등 대도시를 중심으로 총 83만6000호의 주택을 새로 공급하는 방안이다.

현 정부 들어 나온 공급 대책 중 최대 규모이며, 기존 주거복지 로드맵 및 3기 신도시까지 포함하면 역대 최대 수준의 공급 대책이다.

이번 공급대책은 주택가격의 급격한 상승과 도심 내 주택공급 부족에 대한 우려가 확대되면서 주택시장 안정화를 위해 마련되었다. 이전 부동산 대책이 신도시 위주의 공급대책이었다면 이번 대책은 도심의 양호한 입지에 주택을 공급하여 공급 효율성을 극대화한 것이 특징이다.

첫 집이 당신의 인생을
바꿀 수도 있다

22

첫 집을 어디에 마련하느냐에 따라서 인생이 바뀔 수도 있다. 대부분의 사람들은 첫 집은 연고지가 있는 곳에 마련하기를 원한다.

신혼부부의 경우에도 처음에는 출퇴근 거리와 편의성 등이 주거지 선택의 기준이 되지만 아이가 태어나면 달라진다. 육아 문제에 봉착하게 되면서 주거 선택의 기준이 아이 중심으로 옮겨가기 때문이다.

양가 부모님 중 육아에 도움을 줄 수 있는 분이 계시면 부모님 댁과 가까운 곳으로 이사를 하게 될 확률이 높다. 출퇴근 거리가 상당히 멀어지더라도 자녀의 육아를 위해 부모님 댁 인근으로 이사하는 부부를 여럿 봤다.

첫 집은 향후 주택 매입 시 매우 중요한 선택의 기준이 된다. 맞벌이 부부의 경우 육아를 위해 부모님 댁 인근에 거주했다고 가정해 보자. 훗날 분양을 받거나 주택을 매입할 경우 부모님 댁에서 멀지 않은 거리의 주택을 선택할 확률이 상대적으로 높다.

육아를 전적으로 부모님께 맡기고 일주일에 한 두 번 아이를 돌본다면 가능한 일이지만 그렇지 않고서 매일 원격지에서 출퇴근하기란 쉬운 일이 아니다. 다행히 주변에 호재가 많다면 좋은 일이지만 모든 구색을 갖추기란 쉽지 않은 일이다.

첫 집이 호재가 많은 곳이거나 주거 선호도가 높은 곳이라면 향후 주택가격이 상승할 여지도 높다. 그러나 호재가 많은 지역에 보금자리를 마련하는 것은 부모님의 도움을 받지 않고서는 쉽지 않은 일이다.

현재 거주하고 있는 지역이 주거지로서 호재가 많지 않다면 과감히 결별할 필요가 있다. 다람쥐 쳇바퀴 돌듯 본인이 살고 있는 삶의 반경 안에서 움직이다 보면 재테크를 위한 것이라 하더라도 가격 상승의 한계가 있다. 더 좋은 주거환경과 가치 상승을 위해 때로는 현재 살고 있는 곳에서 과감하게 벗어나야 한다.

처음부터 주거 환경이 양호하고 입지가 좋은 곳에 산다면 좋겠지만 대한민국 국민 중에 그런 사람이 몇이나 되겠는가? 만약 수도권 외곽에 집을 마련했다면 가급적 서울 인접한 곳으로, 여유가 된다면 서울로 입성하기를 추천한다.

서울 중심에서 반경 30㎞ 이내에서 주택을 마련하는 것이 주택시장 하락기에도 유리하고 상승기에도 유리하다. 물론 본인의 자금력에 맞는 주택을 선택해야 된다는 것은 기본 전제다. 반복해 얘기하지만 감당할 수 있는 부채는 자산이지만, 감당할 수 없은 부채는 독이 될 수 있다.

대한민국 국민이라면 누구나 한번쯤은 강남 3구에서 살아보고 싶을 것이다. 그러나 살고 싶다고 해서 모든 사람이 다 강남 3구에 살 수 있는 것은 아니다.

과거 부동산 상승기를 분석해 보면 주택가격 상승의 진원지는 강남이었다. 강남은 직주근접, 교통 및 생활편의시설, 교육환경 등 주거환경이 우수한 편이다. 또한 노후화된 아파트들이 곳곳에 산재해 있어 재건축 등 개발 호재도 많은 편이다. 주거와 동시에 자본이득도 취할 수 있는 거주 욕망의 집합지역이 강남이다.

강남에서 촉발된 부동산 훈풍이 광풍이 되어 서울과 수도권 외곽으로 확산되는 사례는 흔히 볼 수 있는 일이었다. 때에 따라서는 들불처럼 전국으로 확산되는 경우도 종종 봐왔다. 매번 강남 집값을 잡겠다고 쏟아낸 정부의 부동산 대책과 규제들이 풍선효과를 유발했고, 오히려 주택가격 상승을 부추긴 사례도 심심찮게 봐왔다. 지금의 부동산 시장도 이와 무관하지 않다. 무조건적인 규제 보다는 적정한 규제를 통해 숨통을 틔워줘야 한다.

이사를 고려할 때 중요한 것 중 하나가 가족의 의사이다. 남편은 아내의 의사를 존중해야 하고 아내도 남편의 의사를 존중해야 한다.

행복하기 위해서 하는 이사가 불행의 씨앗이 되어서는 안 된다. 아이가 또래 집단을 형성했다면 아이의 의사도 중요하다. 또래집단을 형성하기 전까지는 비교적 이사가 자유롭지만 아이가 또래집단을 형성하게 되면 쉽게 이사를 결정할 수 없다. 내가 아는 지인 부부는 아이에게 핸드폰을 선물하는 조건으로 이사를 했다고 한다. 이사를 결정하고 아이에게 전학을 이야기하는 과정에서 아이가 울면서 한 말 때문이었다.

"왜 엄마 아빠의 행복만 중요한가요? 내 행복은 무시 당해도 되는 건가요? 이곳에 나와 친한 친구들이 다 있는데 이 친구들과 헤어지기 싫어요!"

아홉 살 아이의 말이었지만 반박할 수 없었다. 부부는 아이가 그런 생각을 하고 있을 줄 몰랐고, 아이의 말을 듣고 큰 충격을 받았다고 한다. 아이는 이미 또래집단을 형성하고 있었던 것이다. 결국 아이에게 친구들과 언제든 통화하라며 핸드폰을 사주는 조건으로 이사 허가를 받았다고 한다.

여기서 하고 싶은 말은 모든 사람이 강남에 입성하라는 것이 아니다. 본인의 자금력에 맞는 집을 구하되 가급적 삶의 반경에서 벗어나서 시야를 넓혀보라는 것이다.

저마다 처한 상황과 환경, 자금력이 다르기 때문에 분명 한계가 있겠지만 삶의 반경에서 과감히 벗어나 찾다보면 보석을 발견할 수도 있다는 말을 하고 싶었다.

집에 대한 선택의 폭은 생각보다 넓다. 신축 아파트를 선택할 수도 있고, 분양 아파트를 선택할 수도 있다. 재건축 아파트를 선택할 수도 있고 재개발지역 내 다세대주택을 선택할 수도 있다.

평생 거주하기 위해 단독주택을 선택할 수 있고, 월세를 받아 경제적으로 도움이 될 수 있는 다가구주택을 선택할 수도 있다.

'높이 나는 새가 멀리 볼 수 있다리처드 바크의 〈갈매기의 꿈〉 中'는 생각으로, 시야를 넓혀 본인에게 맞는 집을 찾다보면 그 집이 인생을 바꿀 수도 있다.

그들은 왜 둥지를 떠나야만 했을까?

23

뜨는 동네가 있다. 일명 핫플레이스라고 불리는 곳이다. 분위기 있는 카페와 눈과 입이 즐거운 이색적인 맛집들이 하나 둘 생겨나면서 입소문을 타기 시작해 많은 사람들이 방문하고 싶어하는 곳들이 되었다.

최근에는 사회관계망서비스SNS 등을 통해 알려지면서 '핫플레이스'로 등극하는 경우도 많다. 아담하고 예쁜 카페가 있고, 맛집들이 옹기종기 모여있는 핫플레이스에서 인증샷을 올리는 것이 유행처럼 번지면서 핫플레이스의 인기가 말 그대로 핫한 때도 있었다.

얼마 전 점심에 명동을 방문한 필자는 충격을 받았다. 어깨를 스칠 정도로 발 디딜 틈 없이 오가는 사람들로 가득했던 명동길이 사람을 셀 수 있을 정도로 한산했다. 호객행위를 하는 사람들도 찾아볼 수 없었고 드문드문 '임대'라고 써붙인 종이들이 유리문에서 떨어지지 않으려고 안간힘을 쓰고 있었다.

코로나19가 우리 사회에 많은 변화를 가져왔다. 코로나19로 북적이는 곳을 꺼리는 분위기가 형성되면서 핫플레이스의 인기도 한풀 꺾이는 분위기다.

핫플레이스에 대한 관심이 식으면서 핫플레이스의 지형도도 많이 바뀌었다. 서울의 대표적인 핫플레이스였던 대학로,

명동, 삼청동[1], 이태원과 경리단길, 가로수길이 점차 관심 밖으로 밀려나면서 예전에 비해 찾는 사람들이 부쩍 줄었다. 대신 젊음의 거리 홍대와 연남동이 인기를 누렸다. 성수동과 망리단길이 바톤을 이어 받았고 익선동[2]과 송리단길[3]도 핫플레이스에 이름을 올렸다.

핫플레이스는 지역마다 독특한 특징을 지니고 있고, 분위기와 느낌도 다르다. 공연문화가 살아있어 활기가 넘치는 곳도 있고, 맛집과 이색적인 카페 등 특색있는 가게들이 즐비한 곳도 있다.

천천히 걸으면서 둘러보기 좋은 곳과 마음의 안정을 되찾을 수 있는 힐링 장소도 있다.

북촌[4]과 서촌[5]같은 한옥마을처럼 골목 자체가 문화가 되는 곳도 있다. 북촌과 서촌, 익선동은 골목 한옥에 카페와 아기자기한 공방, 저마다 특색있는 맛을 지닌 음식점들이 들어서 있어 추억을 소환하고 향수를 달래기에 좋은 곳이다.

지난해 이태원에서 일곱 개의 음식점을 운영하며 '이태원 대통령'으로 불렸던 연예인이 코로나19의 여파로 마지막 식당을 폐업하면서 많은 사람들의 안타까움을 자아냈다. 가게 폐업 소식을 들은 주변 상인들이 현수막을 내걸어 이태원을 떠나는 그를 응원했다. 젊음을 다 바친 이태원을 떠날 수밖에 없었던 그를 보며 많은 사람들이 함께 눈물을 흘렸다.

이들은 이태원과 경리단길을 핫플레이스로 만든 사람들이다. 어떤 이는 그곳에 젊음을, 어떤 이는 전 재산을 바쳐 가게를 일궈냈다. 어떤 이는 인생의 재기를 위해 그곳에 모든 것을 다 걸었을 것이다. 어떤 이는 하루하루 어렵게 버티고 있고, 어떤 이는 눈물을 한가득 머금고 맨손으로 이태원을 등지고 있다.

무엇이 이들을 핫플레이스에서 내몰았을까?

이들을 핫플레이스에서 내몬 것은 꼭 팬데믹 상황만은 아니었다. 임대료가 상대적으로 낮은 지역에 특색있는 카페, 식당, 옷가게, 공방 등 볼거리와 먹거리가 생기면서 찾는 사람들이 많아지고, 입소문을 타면서 '핫 플레이스'가 된다. 핫 플레이스로 떠오르면 부동산도 함께 떠오르며 많은 사람들이 관심을 갖게 된다.

이런 지역에는 어김없이 부동산 투자자들이 몰린다. 새로운 투자자로 임대인들이 바뀌게 되고 새로운 임대인들은 수익률을 높이기 위해 보증금과 월세를 올리게 된다. 이태원과 경리단길, 가로수길이 다 그런 절차를 거치면서 쇠락의 길로 접어 들었다.

가로수길의 경우 소상공인들이 밀려나면서 프랜차이즈 Franchise 등이 들어왔고 어느 순간 프렌차이즈의 집합소가 되어 버렸다. 가로수길만의 독특한 색과 특별한 맛을 잃게 되자 누구보다 이를 빨리 알아챈 사람들이 하나 둘 발길을 끊기 시작했고 예전의 명성을 되찾지 못하고 있다.

서촌도 그렇게 생겨난 핫플레이스이다. 삼청동과 북촌 한옥마을이 알려지자 찾는 사람들이 많아졌고, 그곳에 개성있는 카페와 음식점을 개점하여 몇 년 동안 잘 운영해오던 사람들이 어느 순간 임대료를 감당하지 못해 내몰리는 젠트리피케이션[6] 현상이 생겼다. 삼청동과 북촌에 그 동네만의 문화를 덧입히던 사람들이 임대료를 감당하지 못해 떠나게 되었고 그렇게 내몰린 사람들이 서촌 등 새로운 핫플레이스로 자리를 옮겼다.

그렇다면 그들은 왜 그곳을 떠나야만 했을까? 그들이 그곳을 떠난 이유는 명료했다. 핫플레이스로 해당 지역이 뜨자 가게를 오픈하기 위해 사람들이 대기하게 되고 그러다 보면 수요가 급증하게 된다. 공급은 제한적인데 수요가 급증하다 보니 매매가와 임대료가 상승하게 되었다.

부동산 투자자들은 이 틈을 노리고 모여들었다. 새로운 임대인들은 투자수익을 극대화하기 위해 임대료를 상승시켰다.

이런 일들이 반복되다 보면 임차인들이 어느 순간 높은 임대료를 감당할 수 없는 처지에 놓이게 된다. 짧게는 몇 달만에, 길게는 몇 년 만에 손을 들 수밖에 없다.

안타까운 일이지만 핫플레이스가 생길 때마다 항상 반복되었던 현상이었다. 핫플레이스는 만들어지는 것이다. 상인들이 하나 둘씩 모여들어 그 동네에 걸맞는 문화를 덧입혔고 소문이 나기 시작하면서 핫플레이스가 되었다. 아무리 찾는 사람들이 많더라도 폭등한 임대료를 지불하려면 그만큼 매출이 따라줘야 하는데 임대료 상승폭 만큼 매출이 따라주지 못했던 것이다. 그렇게 내몰린 사람들이 새로운 곳에서 자리를 잡기 시작할 무렵 또 다시 그런 현상이 반복된다.

역설적이게도 임차인은 젠트리피케이션으로 쫓겨나지만 핫플레이스의 인기 만큼이나 매매가와 임대료가 상승하여 임대인들의 배만 두둑히 불려줬다.

명동과 이태원, 경리단길을 보라. 쇠락은 한순간이다. 많은 사람들이 이태원과 경리단길의 부활을 바라고 있지만 아직 살아날 기미가 보이지 않고 있다.

임차인들이 떠날 수밖에 없는 상황이라면 임대인들도 그 피해를 오롯이 떠안을 수밖에 없다. 임대가 나가지 않은 상황에서 매매가 하락은 시간문제다. 임대료가 나오지 않는 부동산을 매입하려는 용감한 매수인이 과연 몇이나 되겠는가.

필자의 경우 서촌이 뜨기 전인 2006년 무렵부터 서촌을 연구했던 경험이 있다. 당시에는 개보수가 필요한 한옥과 양옥들이 뒤섞여 있는 동네였다. 경복궁 옆동네 또는 배화여고 아랫동네 정도로 여겨졌다. 그런 서촌에 젊은 상인들과 예술가들이 모여들기 시작했고, 한옥을 리모델링한 카페와 공방, 맛집이 들어서기 시작했다.

그렇다면 그들은 아직 서촌에 머물고 있을까?

아직도 서촌에서 서촌만의 문화를 알리고 있을 것이라는 믿음을 갖고 싶지만 그 중 몇몇은 서촌을 떠났을지도 모른다. 서촌이 핫플레이스로 뜨면서 동시에 상승한 임대료를 감당하지 못해 부암동[7]이나 새로운 동네를 찾아 옮겨갔는지도 모른다.

동네에 문화를 덧입히고 동네를 만들어낸 사람들이 모든 것을 잃고 떠나야 한다는 것이 가슴 아프면서도 이해할 수 없는 아이러니다.

여기에서 하고 싶은 이야기는 두 가지다. 핫플레이스 매입을 생각하는 사람은 임차인과의 상생을 가장 염두해 두어야 하며, 핫플레이스에서 가게를 오픈하고 싶은 사람은 남이 잘 되니까 나도 잘 될 것이라는 막연한 생각을 버리고 냉철하게 판단해야 한다는 것이다.

핫플레이스 매입을 검토하는 이들은 대부분 매입 후 리모델링을 통해 수익을 극대화하려고 한다. 매입을 하는 사람의 입장에서는 당연한 것이겠지만 이런 일들이 반복되다 보면 임대료를 감당하지 못해 결국 임차인들이 떠나게 될 수밖에 없다. 이태원이나 경리단길이 이를 증명해주고 있다. 과한 욕심은 공멸을 부를 수도 있다.

핫플레이스가 모든 사람에게 성공를 가져다 줄 수는 없다. 뜨는 동네가 있으면 지는 동네도 있기 마련이다.

지는 동네가 되지 않는 방법은 한 가지 밖에 없다. 임대인과 임차인이 더불어 사는 상생만이 그 답이다.

1) 삼청동(三淸洞): 도교에서 지향하는 이상향인 삼청과 이를 위해 초제를 집행한 소격서의 삼청전이 있어서 삼청이라는 이름이 유래되었다고 한다.

조선 후기에는 산과 물, 그리고 인심이 맑다는 의미에서 산청(山淸), 수청(水淸), 인청(人淸)이라고 하여 삼청동이 되었다.

중앙을 관통하는 삼청로를 중심으로 옛것과 현대가 어우러져 예술적 풍취를 더하는 카페 골목 등이 있다.

2) 익선동(益善洞): 종로구 북쪽으로 운니동, 남쪽으로 돈의동, 서쪽으로 낙원동, 동쪽으로 와룡동, 묘동과 접한다.

익선동은 1930년대에 지어진 한옥마을로 일제 강점기에는 판소리를 공연하는 명창들을 비롯하여 많은 예술인이 살았다고 한다.

해방 이후에는 다양한 계층의 사람들이 공존하며 살았는데 2010년대 중반부터 카페와 공방, 맛집들이 생기면서 사람들이 자주 찾는 핫플레이스가 되었다.

3) 송리단길: 송파구 송파1동 방이사거리에서 석촌호수까지의 인근 거리로 작은 식당과 카페 등이 조성되어 있다.

4) 북촌(北村): 북촌은 청계천과 종각의 북쪽에 있는 동네로, 조선시대 왕족이나 고위관직에 있던 사람들이 많이 거주하였다.

북촌은 경복궁과 창덕궁 사이 물길을 따라 가회동, 안국동, 계동, 재동, 삼청동을 아우른다.

북촌에는 옛 모습을 간직한 한옥이 남아 있으며, 골목길 사이로 갤러리와 카페 등이 자리하고 있다.

5) 서촌(西村): 서촌은 경복궁 서쪽에 있는 동네를 일컫는 별칭으로, 청운동 · 효자동 · 사직동 일대를 뜻한다.

서촌은 조선시대 역관이나 의관 등 전문직인 중인들이 모여 살던 곳이었다. 조선시대에는 추사 김정희와 겸재 정선이 살았고, 근대에는 화가 이중섭, 시인 이상과 윤동주 등 예술가들이 살았던 동네다.

서촌의 한옥은 대부분 1910년대 이후 주택 계획에 의해 대량으로 지어진 개량 한옥이다.

6) 젠트리피케이션(Gentrification)은 도심의 특정 지역이나 장소의 용도가 바뀌면서 부동산 가치가 상승하여 기존 거주자 또는 임차인들이 내몰리는 현상이다.

1964년 영국의 사회학자 루스 글래스(Ruth Glass)가 처음 사용한 용어로, 지주계급 또는 신사계급을 뜻하는 젠트리(gentry)에서 파생 되었다.

런던 서부에 위치한 첼시와 햄프스테드 등 하층계급 주거지역에 중산층 이상의 계층이 들어와 살게 되면서 고급 주거지역으로 바뀌게 되었다.

기존 하층계급 주민은 상승한 주거 비용을 감당하지 못해 살던 곳에서 떠나야 했다. 루스 글래스는 이러한 사회 현상을 설명하기 위해 젠트리피케이션이라는 용어를 사용했다.

국내에서는 임대료가 상대적으로 낮은 곳에 특색있는 카페, 맛집, 공방 등이 생겨나 핫플레이스가 되면 보증금과 월세가 급등하면서 핫플레이스를 만들어낸 임차인들이 다른 곳으로 내몰린다(둥지 내몰림)는 의미로 쓰이고 있다.

7) 부암동(付岩洞): 부암동은 부침바위[付岩]가 있었던 데서 유래했다. 이 바위에 자기 나이만큼 돌을 문지르면 손을 떼는 순간 바위에 돌이 붙고 아들을 얻는다는 전설이 있다. 높이가 약 2m였는데, 지금은 도로 확장으로 없어졌다.

인왕산 동쪽 기슭에 있으며 동쪽의 삼청동, 서쪽의 홍제동 · 홍은동, 남쪽의 청운동 · 옥인동, 북쪽의 신영동 · 평창동과 접해 있다.

지금은 카페와 공방, 작은 식당 등이 어우러져 있어 사람들의 발길이 잦아진 동네다.

전원생활도 누리고
건강도 되찾은 냥이 엄마 이야기

24

사람들은 그녀를 냥이 엄마라고 부른다. 그녀는 길고양이 다섯 마리를 지극정성으로 돌본다. 길고양이들의 먹이를 챙기는 것은 기본이고 길고양이들에게 그럴싸한 집도 마련해줬다.

마음씨 고운 냥이 엄마에게 안타까운 일이 생겼다. 건강검진에서 암이 발견된 것이다. 그나마 초기에 발견된 것은 다행스러운 일이었다. 수술을 마치고 항암 치료를 받았고 예후도 좋아 점차 건강을 회복하고 있다.

삼 년 전의 일이다. 평소 가까운 이웃으로 지냈던 냥이 엄마에게서 부탁이 있다며 연락이 왔다. 작년에 예순을 넘긴 냥이 엄마는 건강을 위해 고향에서 노후를 보내고 싶어 했다. 암 수술 전에 하던 일도 접었고 딱히 서울에서 살 이유가 없다고 했다.

냥이 엄마와 함께 그녀의 고향인 충북 진천을 방문했다. 아름다운 마을로 지정될 정도로 조용하고 예쁜 시골동네였다. 냥이 엄마는 농가 주택을 매입해 리모델링해서 살려했는데 마침 고향 마을이 내려다보이는 곳에 택지를 개발하여 분양 중이었다. 이미 분양 받아 신축한 집도 있었다.

몇 차례 그 동네를 다시 찾았고 택지가 조성된 지역을 면밀히 분석했다. 예상했던 것보다 매매가가 높았지만 그 사이 하나 둘 씩 매매가 되었다. 냥이 엄마는 택지가 마음에 든다며 계약을 서두르려고 했다. 다시 한 번 생각해 보자며 서울로 올라왔다.

냥이 엄마가 항암 치료를 위해 입원과 퇴원을 거듭하는 사이 시간이 꽤 흘렀다. 냥이 엄마와 함께 다시 찾아갔을 때는 거의 모든 택지가 분양되고 두 필지만 남아 있었다. 면적은 비슷했는데 한 곳은 택지 안쪽에 위치해 있었고 한 곳은 초입에 있었다. 아무래도 전원주택지다 보니 조용한 안쪽을 선호하는 듯했다. 면적은 비슷한데 가격은 안쪽이 훨씬 높았다.

냥이 엄마에게 초입에 있는 택지를 선택하라고 조언했다. 초입에 있는 택지를 선택한 점은 매매 가격 조정에도 큰 도움이 되었다. 결국 냥이 엄마는 초입에 있는 택지를 합리적인 가격에 추가 할인까지 받아 계약했다.

냥이 엄마는 그곳에 전원주택을 신축했다. 단층집이었지만 길고양이들과 함께 살기에는 최적의 환경이었다. 냥이 엄마가 유년을 보냈던 고향 마을이 내려다 보였고 오른쪽으로 실개천이 흐르는 아담한 전원주택이었다.

얼마 전 초대를 받아 찾아갔다. 냥이 엄마는 행복한 전원생활을 누리고 있었다. 특유의 웃음 소리도 되찾았고, 건강도 회복하고 있었다. 마당 잔디밭에 누워 봄볕을 온몸에 받으며

졸고 있는 고양이들의 모습과 어우러져 평온한 전원주택의 풍
경을 만들어 내고 있었다.

냥이 엄마의 고민 "서울 집을 팔고 갈까요? 두고 갈까요?"

냥이 엄마는 보유 중인 자금으로 진천의 택지를 매입했다.
신축 자금이 부족해 거주 중이었던 주택을 매도하고 싶어했다.
냥이 엄마에게 서울 주택 보유를 권했다. 보유하고 있는 주택
이 전용 85㎡의 다세대주택이었지만 주차장과 작은 앞마당이
있어 임대하기 좋은 편이었다. 전원주택은 가격 상승의 한계가
있지만 냥이 엄마가 보유하고 있는 주택은 매매가가 소폭 상승
할 수 있는 곳이었다. 최소한 가격 하락 리스크는 없어 보였다.

냥이 엄마에게 전원주택 신축 비용 중 부족한 부분은 보유
중인 주택에서 대출을 받자고 했다. 냥이 엄마는 나의 컨설팅
을 전적으로 믿어줬고 전원주택이 준공되자 서울 집을 전세 주
고 고향으로 내려갔다. 다행히 전세보증금으로 대출도 상환했
고 현재 보유 중인 주택 가격은 꾸준히 상승하고 있다.

많은 사람들이 전원생활을 위해 도심을 떠날 때 기존 주택
을 매도하는 경우가 있다. 전원생활에 적응하려면 시간이 필요
한 법이다. 예상 외로 전원생활에 적응하지 못한다면 다시 상
경해야 될수도 있다. 따라서, 일정 기간 기존 주택을 보유할 것

을 추천 드린다. 주택가격도 전원주택보다는 서울 도심 및 수도권이 안정적이고, 부동산 시장 상승기에는 상승폭도 더 크다는 것을 기억해 뒀으면 좋겠다.

냥이 엄마에게 분양 택지를 추천한 이유

많은 물건을 봤지만 세 가지 선택지를 놓고 깊은 고민에 빠졌다.

첫 번째 물건은 농가주택이었다. 냥이 엄마가 유년을 보낸 동네에서 차량으로 십 분 정도 더 들어간 마을 어귀에 있었다. 해당 농가주택은 주변 시세에 비해 매매가가 높은 편이었다. 리모델링 비용까지 고려하면 토지를 매입하여 신축하는 것이 더 유리해 보였다.

두 번째 물건은 전원주택이었다. 특이하게도 집 근처 곳곳에 너럭바위들이 있었고 집 앞에는 실개천이 흐르고 있었다. 주변은 높지 않은 산이 병풍처럼 있어서 풍광이 빼어난 곳이었다. 매매가도 저렴한 편이었고 냥이 엄마가 살기에 적당한 곳으로 여겨졌으나 한 가지가 마음에 걸렸다. 집들이 한 곳에 모여 있지 않고 듬성듬성 있어서 건강이 회복되지 않는 상태에서 만의 하나 무슨 일이라도 생기면 주변의 도움을 받을 수 없을 것처럼 보였다.

세 번째 물건은 앞서 언급한 전원주택 단지로 10여 가구가 모여살 수 있도록 조성되어 있었다. 외지에서 들어온 사람들이 마을을 형성해 가고 있었기 때문에 냥이 엄마도 적응하는데 어려움이 없을 듯 했다. 전원주택단지와 떡갈나무 숲으로 이어지는 산책 코스가 있어서 냥이 엄마에게는 안성맞춤인 곳이었다. 다행히 매매가도 절충할 수 있어서 세 번째 물건을 추천했다.

전원주택을 매입할 때는 다양한 요소들을 고려해야 한다. 진입로 확보, 상하수도 및 전기 등 기반시설을 갖춘 곳, 가급적 단지가 형성된 곳을 선택해야 한다.

전원주택 단지 내에서의 입지도 중요하다. 택지가 분양되고 주택이 신축되기 까지는 최소 2~3년이 소요될 수 있다. 따라서 향후 전원주택이 신축될 것을 고려해 방향과 전망 등을 살펴볼 필요가 있다.

전원주택지 선택 요소를 감안하여 냥이 엄마의 물건을 재분석해 봐도 그녀의 선택은 탁월한 것이었다.

그 남자,
"마흔 아홉, 집짓기에 도전하다"

25

"그 남자, 집 지을 땅을 찾았다"

내가 아는 가까운 지인 중에 집 짓는 것이 꿈인 남자가 있었다. '죽기 전에'라는 표현을 쓰는 것은 좀 그렇지만 G 씨는 그의 아내에게 항상 '죽기 전에 내 집을 지어보고 싶다'고 했다.

G 씨와 아내의 성격은 정반대였다. G 씨는 어떤 일을 할 때 실패하더라도 도전해 보는 성격이었다. 자기 뜻이 관철되지 않으면 밤잠을 설칠 정도였다. 반대로 그의 아내는 매우 차분하고 생각을 많이 하는 성격이었다. G 씨는 항상 아내에게 소심하다고 말했지만 결과를 보면 항상 아내의 선택이 옳았다.

2017년 새해가 시작되고 얼마 지나지 않아 G 씨 부부가 찾아왔다. G 씨는 집 지을 땅을 찾고 싶다고 했고, 그의 아내는 자신이 가꿀 수 있는 아담한 단독주택을 매입하고 싶어 했다. 두 사람의 생각이 극명하게 엇갈렸다. 가까운 지인이었기에 함께 집을 보러 다녔는데 두 사람의 생각이 너무 달라 난감할 때가 많았다. 어느 때는 내 앞에서 다투기까지 했다. G 씨와 그의 아내를 위해 절충안을 제시했다. 단독주택을 매입해서 살아본 후에 신축을 검토해 보라는 것이었다.

그렇게 G 씨의 '내 집 짓기 프로젝트'는 시작 되었다. 그들은 단독주택을 매입해 리모델링을 했다. 지은 지 45년이 넘은 단층주택을 매입했으므로 리모델링을 하지 않으면 안될 정도로 집이 낡고 허름한 상태였다. 신축을 언제할지 모르는 상황에서 리모델링을 하고 거주하는 것으로 G 씨 부부는 합의했다.

G 씨 부부는 그 해 삼월 매매계약을 체결했고, 담장을 따라 피어난 장미꽃이 만발한 유월에 그 집으로 이사를 했다. G 씨의 아내는 정성들여 집을 가꾸기 시작했다. 전 집주인이 가꾸지 않아 잔디 사이로 듬성듬성 흙이 비친 마당에 결이 고운 자갈을 깔았다. 마당 앞쪽에 자리한 화단에는 철마다 다른 종류의 꽃을 심어 사시사철 피어난 꽃들이 마당을 화사하게 밝혔다. 가을이 깊어가던 어느 날, G 씨 부부의 초대를 받아 그 집에 방문한 적이 있었다. 구절초와 국화가 흐드러진 마당 자갈밭에 스치듯 내리던 가을비는 지금도 잊지 못할만큼 깊이 각인된 운치 있는 한 폭의 풍경화 같았다.

오래된 구옥이었지만 G 씨 아내의 손길이 미치자 시간이 지날수록 집이 돋보이기 시작했다. 담장에는 예쁜 그림과 화분이 걸렸고, 담장 위에 놓아 둔 아기자기한 도자기 인형들이 지나는 사람들의 발걸음을 멈춰 세웠다.

"그 남자, 건축일기를 쓰고 있었다"

그렇게 G 씨도 그 집에 적응하고 있는 것처럼 보였다. 당연히 집짓기를 포기한 것으로 알고 있었다. 그런데 그런 게 아니었다. G 씨는 단 한 번도 집짓기를 포기하지 않았고, 3년이 지났는데도 아내를 설득하는 중이었다. G 씨의 고집을 꺾을 수 없다는 것을 잘 알고 있었던 그의 아내는 남편에게 집짓기를 허락했고, G 씨의 '내 집 짓기 프로젝트'가 시작 되었다.

나중에 알게 되었지만 G 씨는 그 집을 매입할 때부터 건축을 염두에 두고 있었다. 시간이 날 때마다 건축 일기를 쓰고 있었던 것이다. 그의 건축 일기에는 그가 짓고 싶은 집의 모습이 구체적으로 담겨 있었다. 자금계획도 매우 세밀하게 세워져 있었다. G 씨의 아내도 그의 건축일기를 보고 그에게 집짓기를 허락할 수밖에 없었다고 했다.

G 씨가 쓴 건축 일기의 시작은 이러했다.

첫 번째는 '우리 가족이 살고 싶은 집을 짓는 것', 두 번째는 '분수에 맞는 집을 짓는 것', 세 번째는 '자연을 담은 집을 짓는 것', 네 번째는 '사람들에게 기억되는 집을 짓는 것', 다섯 번째는 '누구나 살고 싶은 집을 짓는 것', 마지막으로 '따뜻한 집을 짓는 것'이다.

"그 남자, 내 집 짓기 프로젝트를 시작하다"
– G 씨의 건축 일기에서 –

• 건축가를 만나다

이 동네에 단독주택을 구입하고 삼 년이 훌쩍 지났다. 오늘 건축가를 만나 집을 짓기 위한 첫 번째 관문인 건축 설계 계약을 완료했다. 집을 짓기로 결정하고 그동안 건축가를 만나 수 차례 상담을 했다. 막상 집을 짓는다고 생각하니 두려움이 몰려왔다. 아내가 왜 걱정하는지 알기에 더욱 조심스러웠다.

그러나 여기서 포기한다면 '내 집짓기의 꿈'을 이룰 수 없을 것 같았다. 그래서 도전하기로 결정했고, 떨리는 손으로 '건축물의 설계 표준계약서'에 서명했다. 많은 망설임 끝에 내린 결정이다. 지금 내 마음을 한 마디로 표현하면 '후련함'이다. 이 '후련함'이 집이 다 지어질 때까지 계속되기를….

• 건축허가_{신축}를 받다

건축가를 만나고 216일이 지난 오늘 드디어 '건축허가_{신축}서'를 받았다. 그토록 기다렸던 '건축허가서'인데 막상 받고 나니 설렘과 기쁨 사이 걱정이 몰려왔다. 이제부터 본격적인 시작이다.

• 건축비를 감당할 수 없는 현실 앞에 좌절하다

'건축허가서'를 토대로 건축비 산정에 들어갔다. 우선 건축가를 통해 대략적인 건축비를 산정해 봤다. 건축가가 산정해 놓은 건축비를 보고 깊은 숨을 내쉴 수 밖에 없었다. 순간 아내의 얼굴이 하얗게 변하는 게 눈에 들어왔다. 떨리는 손으로 한참을 바라보다 '생각할 시간을 달라'는 말을 남기고 건축 사무소를 나왔다.

건축가가 내민 건축비는 예상을 훌쩍 뛰어 넘는 금액이었다. 이미 신청해 놓은 담보대출과 신용대출을 추가로 받더라도 감당할 수 있는 범위를 벗어났다. 다시 한 번 산정해 보겠다고 했지만 그동안 건축을 위해 수집한 자료나 건축 서적을 통해 알게 된 명백한 사실은 건축비는 예상보다 늘어난다는 것이었다. 건축비가 예상보다 줄어들었다는 얘기는 어디에서도 찾아볼 수 없었다.

건축비가 상승한 이유를 설명하는 건축가 앞에서 다시 한 번 좌절했다. 건축 현장의 진입로가 좁아 레미콘 차량의 출입이 자유롭지 못하고, 건축 자재 운반도 용이하지 않아 일반적인 지역의 건축비보다 공사 단가가 높게 산정될 수 밖에 없다는 것이었다. 수긍을 하면서도 아쉬움이 많이 남았다. 공사 단가에 대해서는 설계 전부터 건축가에게 수차례 질문을 했었고, 건축가가 말한 예상 단가 범위 내에서 자금을 준비해 놨다고 몇 번이나 얘기했었다. 솔직히 건축가가 원망스러웠고 마음 한켠이 무척 아렸다.

• '내 집짓기'의 꿈을 접다

그토록 기다렸던 '건축 허가서'였는데… 아내의 반대가 계속되고 있고, 아내가 주장하는 바가 무엇인지 잘 알기에 간절히 열망했던 '내 집 짓기 프로젝트'를 포기하기로 마음먹었다. 신축을 밀어 붙이다 경제적인 난관에 봉착한다면 한순간에 모든 것을 잃을 수도 있겠다는 생각에 이르렀다.

집을 짓고 싶다는 생각은 변함이 없다. 다만 지금은 신축을 할 수가 없다. 감당할 수 있는 자금 범위 내로 설계를 변경하거나, 자금을 추가로 마련해 신축하거나 둘 중 하나를 선택해야만 했다.

'내 집짓기'를 포기한 날, 아내와 함께 자주 가던 화원을 찾았다. 집을 짓기 위해 비워 뒀던 화단에 심을 꽃들을 사기 위해서다. 그날 아내와 나는 허한 마음의 밭에 꽃을 심듯, 그 어느 때보다도 정성들여 꽃을 심었다. 그리고 세달 전에 표구사에 맡겼던 아끼던 그림도 찾아와 벽에 걸었다.

• 잠을 이루지 못하다

어제 새벽, 그리고 오늘 새벽에도 세 시를 갓 넘긴 시간에 눈을 떴다. 아니 눈이 떠졌다고 해야 맞을 것이다. '내 집 짓기'를 이대로 포기할 수는 없었다. 어떻게든 방법을 찾고 싶었다. 잠이 깨면 어김없이 지금 쓰고 있는 건축 일기를 꺼냈다. 그리고 다시 스케치를 했다. 건축 설계를 변경하는 것 밖에는 방법이 없었다. 건축가는 감당할 수 있는 자금 범위 내에서 먼저 신축을 하고 나중에 자금 여력이 생기면 증축을 하라고 했지만 그

럴 수는 없었다. 또 다시 이런 일을 되풀이해서 겪고 싶지는 않
았다.

• 다시 원점으로… 새로운 건축가를 만나다

이 집을 매입했을 때 만났던 젊은 건축가에게 전화를 걸었
다. 그는 집을 매입하기 전 신축을 위해 상담을 의뢰했던 건축
가였다. 집을 어떻게 지으면 좋을지 고민하던 나를 위해 직접
스케치한 자료를 보내주기도 했었다. 그에게 지금까지의 경과
를 설명하고 넌지시 집을 짓고 싶다는 말을 건넸다.

며칠 후 젊은 건축가가 찾아왔다. '왜 처음부터 저에게 맡
기지 않으셨냐?'고 물을만도 한데 그는 그동안의 상황을 듣기
만 했다. 처음에는 그에게 신축을 맡기려고 했었다. 마음에 걸
리는 것이 하나 있었는데 젊은 건축가이다 보니 경험이 부족할
것 같았다. 결국 이 동네를 잘 아는 건축가에게 의뢰했다.

너무 멀리 돌아왔지만 그 건축가를 다시 만난 것은 내게 행
운이었다. 그에게 지금까지 써왔던 건축 일기를 내밀었다. 내
가 밤잠 설치며 그린 집을 보더니 망설임 없이 진행해보자고 했
다. 그렇게 다시 원점에서 시작하기로 했다.

• 설렘과 염려가 교차하는 시간

지금 내 마음을 두 단어로 정리하자면 '설렘'과 '염려'이다.

많은 시간을 계획하고 준비해 왔지만 한 차례 실수를 경험했기에 그만큼 긴장의 끈을 늦출 수 없다. 새로운 '건축 허가서'가 나왔다. 드디어 다음 주면 신축 공사가 시작된다.

잘 지을 수 있을까? 신축 공사 날짜가 다가올수록 염려가 앞선다. 아내는 더욱 그러할 것이다. 내 성격과는 달리 매사 신중한 사람이니 하루 하루가 염려의 연속일 것이다. 다시 집을 짓겠다고 했을 때 아내는 완강히 반대했다. 설계비가 아깝지 않냐며 아내를 설득해 봤지만 요지부동이었다. 되레 더 많은 것을 잃을 뻔했는데 그 정도에서 끝난 것을 다행으로 생각하라고 했다. 덧붙여 비싼 수업료를 지불한 것으로 여기라고 했다.

그런 아내가 마음을 돌이킨 것은 몇 날 며칠을 잠 못 이루며 고민하던 내 모습과 건축 일기를 본 이후부터다. 내가 잠든 사이 건축 일기를 읽은 아내는 한참을 생각하더니 '집을 지어 보라'고 했다.

가보지 않는 길에 대한 두려움으로 망설이기보다는 첫 걸음을 떼보는 게 용기 아닐까? 주변에 있는 수많은 주택과 건물들도 누군가의 설렘과 염려, 거기에 용기가 더해져 지금의 모습이 되었을 것이다.

삼 년 반 남짓 살면서 주말이면 아내와 함께 꽃을 사다 직접 정원을 가꿨던 집, 작지만 마당이 있고 나무들이 있어 좋았던 집. 그런 정든 집이 허물어지고 덩그러니 빈 땅만 남아 있다. 이제 설렘과 염려, 여기에 용기를 얹어 '내 집 짓기 프로젝트'를 성공적으로 마무리할 일만 남았다.

"건축, 그 길고 험난한 여정이 시작되다"

'집을 지으면 십 년이 늙는다'는 말이 있다. G 씨는 이제야 그 말의 의미를 깨달았다고 한다. 주택 신축을 위해 오랜 시간 동안 준비를 해왔지만 참으로 우여곡절이 많았다고 했다.

작년 10월 젊은 건축가를 만났고, '내 집 짓기 프로젝트'를 다시 진행한 지 어느덧 칠 개월째. 지금까지는 워밍업에 불과했다. 건축, 그 길고 험난한 여정이 이제 시작 되었다. 아득하게만 보였던 프로젝트가 가을이면 마무리 될 것이다.

얼마 전에 만난 그는 그동안의 이야기를 쏟아냈다. 지금까지 마음 졸였던 것보다 앞으로가 더 걱정이라는 G 씨. 그 남자의 얼굴이 한결 밝아 보였다.

※ G 씨는 〈소성종합건설〉 이정우 소장을 만나 '내 집 짓기 프로젝트'를 다시 진행 중입니다. G 씨는 이정우 소장과 함께 새로운 건축 일기를 쓰고 있습니다. G 씨의 건축 일기가 무사히 완성되길 기원합니다.

세상 모든 지식과 경험은 책이 될 수 있습니다.

책은 가장 좋은 기록 매체이자 정보의 가치를 높이는 효과적인 도구입니다.

갈라북스는 다양한 생각과 정보가 담긴 여러분의 소중한 원고와 아이디어를 기다립니다.

– 출간 분야: 경제 · 경영/ 인문 · 사회 / 자기계발

– 원고 접수: galabooks@naver.com